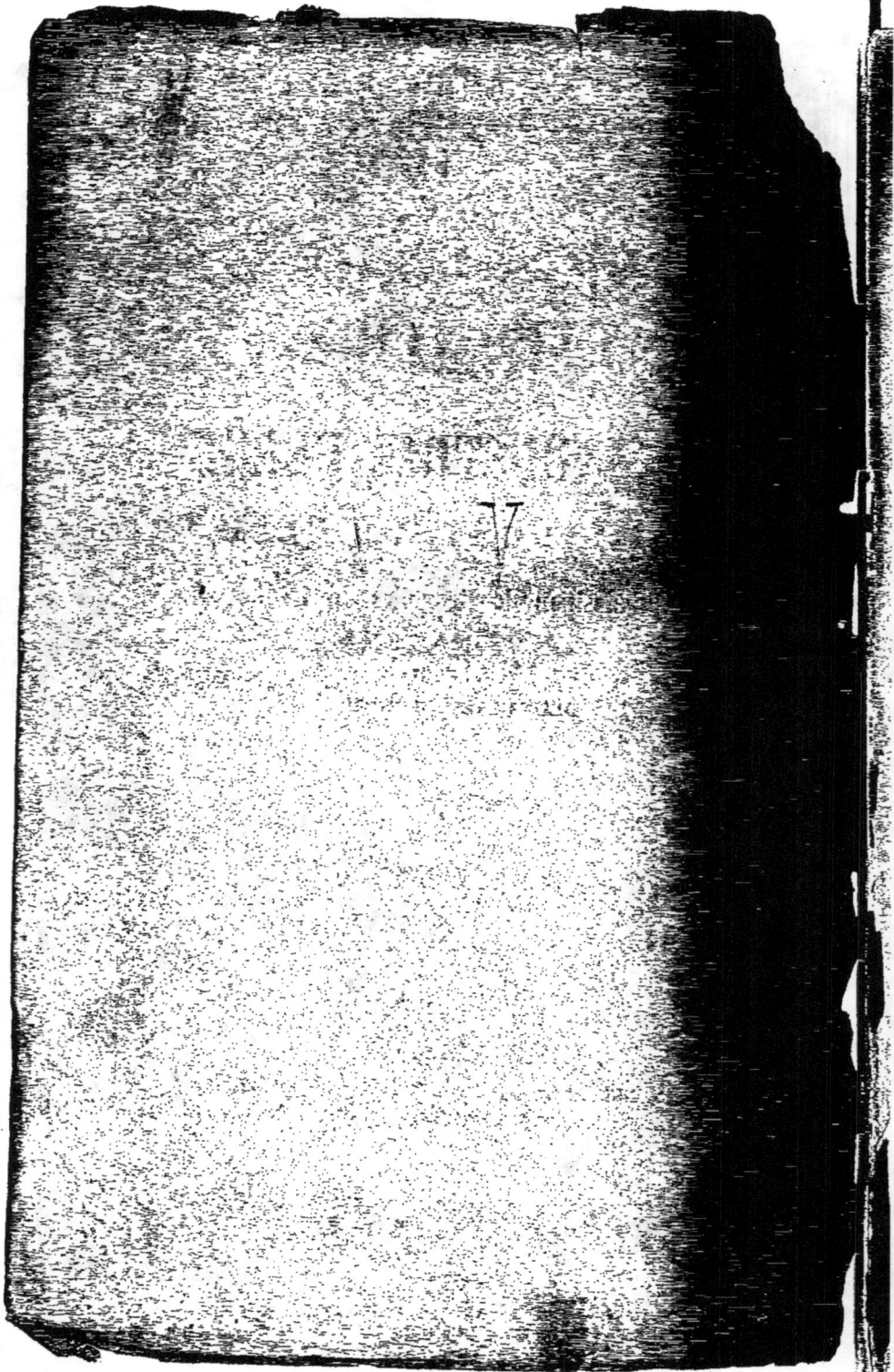

EXPOSITION

DES PRODUITS

DE L'INDUSTRIE BELGE

à Bruxelles.

—

1847.

38167

CATALOGUE

DES PRODUITS

DE L'INDUSTRIE BELGE

ADMIS

à l'Exposition de 1847.

DEUXIÈME ÉDITION.

Bruxelles,

TYPOGRAPHIE D'AD. WAHLEN ET COMPAGNIE,

IMPRIMEURS-LIBRAIRES DE LA COUR,

RUE DES SABLES, Nº 24.

1847

Tout contrefacteur du Catalogue de l'Exposition sera
poursuivi

INTRODUCTION.

§ 1er. — DIVISION DU LIVRE.

Ce volume se divise en cinq parties.

La première partie comprend les actes officiels concernant l'exposition.

La seconde partie, le catalogue des objets exposés.

La troisième partie, la liste alphabétique des industries dont les produits figurent à l'exposition.

La quatrième partie, la liste alphabétique des exposants.

La cinquième partie, le relevé du nombre des exposants par province et par commune.

§ 2. — DIVISION DE L'EXPOSITION.

Les objets exposés sont répartis entre quatre divisions.

Des membres de la commission directrice de l'exposition sont placés à la tête de chaque division.

Voici la classification des objets exposés et les noms des commissaires de chaque division :

1re DIVISION.

COMMISSAIRES : { M. DOUCET.
M. SCHUMACHER.
M. VERREYT.

MANUFACTURES, TISSUS ET FILS.

Cotons filés.
Cotons teints.
Coton (tissus de).
Coton (impressions sur).
Cotonnettes.
Impressions pour meubles.
Laines filées, layées, triées, peignées.
Draps.
Laine (tissus divers en).
Laine (impressions en relief sur).
Laine (impressions sur mousseline-).

Soieries.
Chanvres et lins filés.
Fils et rubans.
Linge de table.
Toiles.
Bonneterie.
Meubles (étoffes pour).
Étoffes de crin.
Toiles cirées.
Tapis.
Objets d'habillement.
Corsets.
Caoutchouc (tissus en).
Papiers peints.

2e DIVISION.

COMMISSAIRES : { M. DE BROUCKERE.
M. KINDT.

OUTILS, MACHINES, MÉTAUX, CUIRS, CARROSSERIE ET SELLERIE.

Ardoises.
Appareils d'éclairage.
Chaudronnerie.
Clouterie.
Corderie.
Cuirs tanués.
Instruments d'agriculture.
Laiton (objets divers en).
Locomotives.
Machines.

Outils divers, tels que :
Aiguilles,
Faux,
Faucilles,
Limes,
Râpes,
Scies, tréfileries.
Pierres à rasoir.
Pompes.
Serrurerie.

Poêlerie.
Toiles métalliques.
Vitrerie.

Carrosserie.
Sellerie et harnacherie.

3° DIVISION.

COMMISSAIRES : { M. DE HEMPTINNE.
M. FROIDMONT.

ARTS CÉRAMIQUES, INSTRUMENTS DE CHIRURGIE ET DE PRÉCISION, PRODUITS CHIMIQUES, GOBELÉTERIE ET HORLOGERIE.

Anatomie (pièces d').
Animaux empaillés.
Bougies.
Marbrerie.
Carreaux.
Pannes.
Tuiles.
Brosses.
Pipes.
Porcelaines.
Poterie d'étain et de terre.
Bruyères pour vergettes.
Chapellerie.
Cordonnerie.
Cuirs vernis et maroquinés.
Effets d'équipement militaire.
Nattes.
Parapluies.

Cannes.
Ombrelles.
Parfumerie.
Pelleteries.
Perruques.
Gobeléterie.
Produits chimiques.
Tabacs.
Vannerie (ouvrages de).
Armes.
Coutellerie.
Horlogerie.
Instruments de chirurgie.
Id.   d'astronomie.
Id.   de mathématiques.
Id.   d'optique.
Id.   de physique.

4° DIVISION.

COMMISSAIRES : { M. COPPENS.
M. GACHARD.
M. SPAACK.

INSTRUMENTS DE MUSIQUE, BRONZES, BIJOUTERIE, CRISTALLERIE, MEUBLES, PAPETERIE, LITHOGRAPHIE, RELIURE, ETC.

Pianos et autres instruments
de musique.

Bijouterie.
Orfévrerie.

Broderies.
Passementeries.
Dentelles.
Blondes.
Modes (objets de).
Tulles.
Meubles.
Tabletteries.
Bimbeloterie.
Bronzes.
Ciselures.
Dorures.
Cristaux.
Fleurs artificielles.

Gravures sur bois, sur mé-
    taux, sur pierre fine, sur
    verre.
Calligraphie.
Dorure sur bois.
Fonderie en caractères.
Lithographie.
Papeterie.
Plumes à écrire.
Cire à cacheter.
Crayons.
Reliure.
Typographie.

§ 3. — LOCAL DE L'EXPOSITION.

L'exposition occupe les parties suivantes du nouvel entrepôt bâti par la ville de Bruxelles :

1° Une partie de la cour;

2° La gare, ou cour couverte, du rez-de-chaussée;

3° La moitié du premier étage.

La cour renferme des objets appartenant à la 2e division.

La gare, ou grande cour couverte du rez-de-chaussée, renferme des objets appartenant aux 1re, 2e et 3e divisions.

Les objets appartenant à la 4e division et une partie de ceux des 2e et 3e divisions sont établis au premier étage.

Les bureaux du secrétariat de l'exposition se trouvent au premier étage.

PREMIÈRE PARTIE.

PIÈCES OFFICIELLES

CONCERNANT

L'EXPOSITION.

I.

ARRÊTÉ ROYAL QUI INSTITUE L'EXPOSITION DE 1847.

LÉOPOLD, Roi des Belges,

A tous présents et à venir, salut.

Sur le rapport de Notre Ministre de l'intérieur,

Nous avons arrêté et arrêtons :

Article premier. Il sera ouvert à Bruxelles, le 1er juillet 1847 (1), une exposition publique des produits de l'industrie nationale.

Art. 2. La direction de l'exposition sera confiée à une commission à nommer par Nous.

Cette commission sera chargée de la réception, du placement, de la surveillance et du renvoi des objets admis, de la publication des catalogues, de la comptabilité.

Elle fera, sous l'approbation de Notre Ministre de l'intérieur, les règlements nécessaires pour la police des salons; elle déterminera les jours et heures où le public y sera admis.

---

(1) Un arrêté royal du 15 avril a remis au 15 juillet 1847 l'ouverture de l'exposition (Voir à la page 15).

Art. 3. La commission pourra correspondre avec les autorités provinciales du royaume, avec les chambres de commerce et des fabriques et avec les administrations des villes pour tout ce qui concerne les attributions qui lui sont confiées.

Art. 4. Notre Ministre de l'intérieur nommera dans chaque province, sur la proposition du gouverneur, une commission qui prononcera sur l'admission ou le rejet des produits destinés à l'exposition.

Art. 5. Un jury, nommé par Nous, jugera les produits qui auront été exposés; il désignera, dans un rapport qu'il adressera à Notre Ministre de l'intérieur, les manufacturiers, fabricants, artistes et artisans du royaume qui lui auront paru mériter soit des prix, soit une mention honorable.

Le jury aura particulièrement égard, dans ses propositions, au caractère usuel et utile pour la généralité des consommateurs, ainsi qu'au bon marché et à la bonne qualité des produits.

Art. 6. Les gouverneurs des provinces, sur l'avis des commissions provinciales de l'exposition, feront connaître au département de l'intérieur, avant le 1er juillet, les artistes et industriels qui, par des inventions ou des procédés non susceptibles d'être exposés, auraient contribué aux progrès de l'industrie et qui leur paraîtraient avoir également droit à des récompenses.

Art. 7. Notre Ministre de l'intérieur arrêtera, par un règlement ultérieur, telles autres mesures d'exécution qu'il jugera nécessaires. Il réglera notamment les conditions de l'admission des produits.

La commission directrice de l'exposition pourra être consultée au sujet de ces dispositions.

Art. 8. Notre Ministre de l'intérieur est chargé de l'exécution du présent arrêté.

Donné à Bruxelles, le 4 janvier 1847.

LÉOPOLD.

Par le Roi :

Le Ministre de l'intérieur,

Comte DE THEUX.

II.

NOMINATION DES MEMBRES DE LA COMMISSION DIREC-
TRICE DE L'EXPOSITION DES PRODUITS DE L'INDUS-
TRIE NATIONALE DE 1847.

LÉOPOLD, Roi des Belges,

À tous présents et à venir, salut.

Vu Notre arrêté du 4 janvier dernier, par lequel il est statué qu'une exposition publique des produits de l'industrie nationale sera ouverte à Bruxelles, le 1er juillet 1847, et que la direction de cette exposition sera confiée à une commission à nommer par Nous ;

Sur le rapport de Notre Ministre de l'intérieur,

Nous avons arrêté et arrêtons :

Article premier. Sont nommés membres de la commission directrice de l'exposition :

MM. le chevalier Wyns de Raucour, bourgmestre de la ville de Bruxelles ;

De Brouckere (Charles), ancien ministre, ex-directeur de la Monnaie, etc. ;

Blaes (A.), conseiller communal, à Bruxelles ;

Coppens (F.), architecte, à Bruxelles ;

Doucet (Isidore), échevin de la ville de Bruxelles ;

De Hemptinne (A.), membre de l'Académie royale des sciences et du conseil communal de Bruxelles ;

Le docteur Froidmont (H.-J.), membre de l'Académie royale de médecine et du conseil communal de Bruxelles ;

Gachard (L.-P.), archiviste-général du royaume;

MM. Jobard (J.-B.), directeur du Musée de l'industrie (1);
    Kindt, inspecteur pour les affaires industrielles au ministère de l'intérieur;
    Schumacher (H.), fabricant, membre de la chambre de commerce de Bruxelles;
    Spaak (L.), architecte, à Bruxelles;
    Verreyt (Jacques), membre de la commission directrice du Musée de l'industrie et de la chambre de commerce de Bruxelles.

Cette commission nommera dans son sein un président, un vice-président et un secrétaire (2).

Art. 2. En exécution de l'article 2 de Notre arrêté précité, qui règle les attributions de cette commission, elle fera, sous l'approbation de Notre Ministre de l'intérieur, les règlements nécessaires pour la police des salons; elle déterminera les jours et heures où le public y sera admis.

Art. 3. Elle pourra correspondre avec les autorités provinciales du royaume, avec les chambres de commerce et des fabriques, et avec les administrations communales, pour tout ce qui concerne les attributions qui lui sont confiées.

Art. 4. Notre Ministre de l'intérieur est chargé de l'exécution du présent arrêté.

Donné à Bruxelles, le 10 février 1847.

                        LÉOPOLD.

    Par le Roi :

  Le Ministre de l'intérieur,

    Comte DE THEUX.

---

(1) M. Jobard a donné sa démission de membre de la commission le 14 mai 1847.

(2) Dans sa séance du 22 février, la commission a fait les nominations suivantes: président, M. le chevalier Wyns de Raucour; vice-président, M. Charles de Brouckere; trésorier, M. Schumacher; secrétaire, M. A. Blaes.

III.

DISPOSITIONS RÉGLEMENTAIRES.

LE MINISTRE DE L'INTÉRIEUR,

Vu l'art. 7 de l'arrêté royal en date du 4 janvier 1847, portant qu'une exposition des produits de l'industrie nationale sera ouverte à Bruxelles le 1ᵉʳ juillet prochain;

Vu l'avis de la commission directrice de l'exposition,

Arrête :

ARTICLE PREMIER. Tout produit qui se recommande dans son genre, qu'il sorte d'une manufacture, d'une usine, ou qu'il soit l'ouvrage d'un artiste, d'un maître artisan ou d'un simple ouvrier, aussi bien que d'un savant ou d'un inventeur, sera admis à l'exposition, s'il ne se trouve dans une des catégories spécifiées à l'article 2, ci-après.

ART. 2. Les boissons, les comestibles, les produits chimiques, susceptibles de combustion spontanée, les articles mal confectionnés, les objets futiles qui ne peuvent entrer dans le commerce, et qui n'ont point de mérite sous le rapport de l'art et de la décoration, ne seront point reçus.

Les produits qui auraient figuré dans une exposition antérieure ne seront point admis.

ART. 3. Les tissus ne seront admis à l'exposition que par pièce. Les produits naturels, tels que les marbres, les ardoises, etc., ainsi que les produits chimiques et métallurgiques, seront reçus en échantillons.

Les machines, métiers, instruments et outils perfectionnés, seront accompagnés d'une note qui en indique l'usage. De simples dessins ne seront point reçus.

ART. 4. Les personnes qui se proposent d'envoyer des objets à l'exposition les feront inscrire, avant le 1er juin, au secrétariat de la commune qu'elles habitent. Elles seront invitées à inscrire en même temps, au registre, quelques renseignements sur leurs ateliers et sur leurs produits, sauf à remettre, si elles le jugent utile, une notice plus détaillée, leurs prix courants, etc., pour être adressés au gouverneur de la province et ensuite au jury.

Les articles appartenant à la même personne seront tous inscrits sous le même numéro, et seront distingués par des lettres.

Les administrations communales feront expédier les registres d'inscription au gouverneur le 1er juin, et plus tôt si faire se peut (1).

ART. 5. Sauf les exceptions prescrites à l'art. 6, les objets destinés à l'exposition devront être remis à l'hôtel du gouvernement provincial, avant le 1er juin, afin d'être soumis à l'examen de la commission provinciale, chargée de juger de l'admission des produits. L'adresse au *Gouverneur de la province* portera en outre ces mots : *Exposition de l'industrie.*

Pour la province de Brabant, les objets seront envoyés directement au *Nouvel Entrepôt*, où ils seront soumis à l'examen de la commission.

Chaque article devra être muni d'une étiquette en carton fort, solidement attachée, indiquant en tête le nom de la province, de l'arrondissement et de la commune, le nom de l'exposant, ainsi que le numéro et la lettre sous lesquels les objets auront été inscrits au registre.

ART. 6. Chaque commission provinciale aura la faculté de déléguer quelques-uns de ses membres dans les communes, afin d'examiner les objets destinés à l'exposition. Les objets pourront, en vertu d'une autorisation spéciale de la commission et après avoir été examinés par ses délégués, être expédiés directement par l'exposant, à la *Commission directrice de l'Exposition à Bruxelles,* au local du *Nouvel Entrepôt.*

ART. 7. Les horlogers qui ont l'intention d'envoyer des *chronomètres* à l'exposition industrielle devront les faire remettre, d'abord et le plus tôt possible, à M. le directeur de l'observatoire royal de

____

(1) Un arrêté du 21 mai 1847, de M. le Ministre de l'intérieur, a prolongé jusqu'au 15 juin les délais accordés aux industriels pour l'envoi et l'inscription de leurs produits.

Bruxelles, afin que ces instruments puissent être soumis aux observations d'après lesquelles on jugera de l'exactitude de leur marche.

Art. 8. Les frais de transport des objets et de leur renvoi seront supportés par l'État.

Art. 9. L'exposition étant exclusivement destinée aux produits de l'industrie belge, les administrations provinciales et communales, ainsi que les commissions provinciales, prendront les mesures convenables pour s'assurer que les objets destinés à l'exposition sont fabriqués dans le pays. Chaque exposant en donnera, pour ses produits, une déclaration écrite, qui sera transmise au gouverneur avec la désignation des objets.

Art. 10. Conformément à l'article 5 de l'arrêté royal du 4 janvier dernier, le jury aura particulièrement égard, dans ses propositions, au degré d'utilité des produits, à leurs usages, à leur bonne qualité et à leur prix.

En conséquence, les exposants seront invités à faire connaître le prix des objets envoyés par eux. Ces prix seront, s'ils le demandent, marqués sur des étiquettes portant leur nom et leur domicile. Si, au contraire, ils désiraient qu'ils ne fussent connus que du jury, ils les enverront, sous enveloppe cachetée, par l'entremise des administrations communales, au gouverneur de la province, qui les fera parvenir au département de l'intérieur.

Les autres renseignements particuliers que les exposants voudront communiquer au jury, pourront lui être adressés par la même voie. Ils seront libres de placer, à côté de leurs produits, pendant la durée de l'exposition, des notices sur l'exercice de leur industrie, tant sous le rapport technique que sous le rapport commercial, sur les obstacles qu'ils ont rencontrés et sur les résultats qu'ils ont obtenus.

Art. 11. Il sera fait, au chef-lieu de chaque province, un relevé des objets admis à l'exposition par la commission provinciale : ce registre sera transmis à la commission directrice.

Les commissions provinciales consigneront dans un registre, pour être transmises au jury, leurs observations sur l'importance des industries ou des établissements des exposants, et sur le mérite de leurs produits sous le rapport commercial ou comme objets d'art. Elles signaleront également, ainsi que les gouverneurs des provinces, les fabricants qui se distinguent par la bonne organisation de leurs établissements; qui, par des caisses de prévoyance ou de toute autre manière, assureraient à leurs ouvriers certains avantages en cas de maladie, d'accidents ou d'infirmités, ou qui contribueraient à des institutions de bienfaisance, telles que des hospices, des écoles gratuites, des écoles gardiennes, etc.

ART. 12. Conformément à l'article 6 de l'arrêté royal du 4 janvier 1847, les gouverneurs des provinces et les commissions provinciales sont appelés à désigner au département de l'intérieur les artistes et industriels qui, par des inventions ou des perfectionnements non susceptibles d'être exposés, auraient contribué au progrès de l'industrie, et qui leur paraîtraient avoir droit à des récompenses.

ART. 13. Les objets, une fois exposés, ne pourront être retirés avant la fin de l'exposition.

ART. 14. L'exposition sera annoncée par la voie des journaux, dans les pays étrangers; les rapports du jury seront imprimés aux frais de l'État, distribués aux exposants, aux chambres de commerce, ainsi qu'aux légations et aux membres du corps consulaire.

ART. 15. Le présent arrêté sera publié, inséré au *Mémorial administratif* de chaque province et distribué, par les soins des administrations provinciales et communales, chargées, en ce qui les concerne, de son exécution.

Bruxelles, le 19 mars 1847.

Comte DE THEUX.

IV.

NOMINATION DES COMMISSIONS PROVINCIALES.

LE MINISTRE DE L'INTÉRIEUR,

Vu l'art. 4 de l'arrêté royal du 4 janvier dernier portant qu'il sera nommé dans chaque province, sur la proposition du gouver neur, une commission chargée de prononcer sur l'admission des produits destinés à l'exposition industrielle ;

Vu les propositions de MM. les gouverneurs des provinces,

Arrête :

ARTICLE PREMIER. Sont nommés membres de la commission provinciale :

DANS LA PROVINCE D'ANVERS :

MM. Dierckx-Brepols, fabricant, à Turnhout ;
Fuchs, président de la chambre de commerce d'Anvers ;
Kums (Édouard), fabricant de toiles, à Anvers ;
Lejeune (Jules), négociant, à Anvers ;
Le Paige, bourgmestre d'Herenthals ;
Lousberghs père, fabricant, à Malines ;
Mast de Vries, bourgmestre de Lierre ;
Van Bellingen (Joseph), fabricant d'étoffes de soie, à Anvers ;
Verschuylen (J.-P.-A.), orfèvre et ciseleur, à Anvers ;
Wood (William), négociant en tulles, à Anvers (1).

DANS LA PROVINCE DE BRABANT :

MM. le chevalier Wyns de Raucour, bourgmestre de la ville de Bruxelles ;
De Brouckere (Charles), ancien ministre, ex-directeur de la Monnaie, etc ;
Blaes (A.), conseiller communal, à Bruxelles ;
Coppens (H.), architecte, à Bruxelles ;
De Backer, fabricant, à Braine-le-Château ;
Doucet (Isidore), échevin de la ville de Bruxelles ;
Dumonceau, industriel, à Grez ;
Dufour, orfévre, à Bruxelles ;

(1) MM. Dierckx-Brepols et Le Paige n'ayant pu accepter les fonctions de membres de la commission provinciale d'Anvers, un arrêté de M. le ministre de l'intérieur, en date du 14 avril 1847, les a remplacés par MM. Glenisson, imprimeur-lithographe et fabricant à Turnhout, et Van Schonbrouck, fabricant à Herenthals.

MM. De Hemptinne (A.), membre de l'Académie royale des sciences et du conseil communal de Bruxelles;

Le docteur Froidmont (H.-J.), membre de l'Académie royale de médecine et du conseil communal de Bruxelles;

Gachard (L.-P.), archiviste-général du royaume;

Gilain, mécanicien, à Tirlemont;

Jobard (J.-B), directeur du Musée de l'industrie;

Kindt (Jules), inspecteur pour les affaires industrielles au ministère de l'intérieur;

Prévinaire (Eugène), à Bruxelles;

Schumacher (H.), fabricant, membre de la chambre de commerce de Bruxelles;

Spaak (L.), architecte, à Bruxelles;

Stappaerts (Félix), négociant, à Louvain;

Verreyt (Jacques), membre de la commission directrice du Musée de l'industrie et de la chambre de commerce de Bruxelles.

DANS LA PROVINCE DE FLANDRE OCCIDENTALE :

MM. Bouvy (P.), conseiller provincial et membre de la chambre de commerce de Bruges;

Clep (Joseph), membre de la chambre des représentants;

De Hont, orfèvre, à Bruges;

De Béthune (le chevalier), sénateur et bourgmestre de Courtray;

De Breyne, membre de la chambre des représentants, à Dixmude;

De Preye (René), commissaire d'arrondissement, à Furnes;

Delescluze (Louis), échevin et secrétaire de la chambre de commerce de Bruges;

Dujardin (Constantin), fabricant, à Courtray;

Goethals-Danneel, négociant, à Courtray;

Hammelrath (Henri), membre de la chambre de commerce d'Ypres;

Heldenberg-Coucke, fabricant de cotonnettes, à Courtray;

Mulle (Léon), vice-président de la chambre de commerce d'Ypres;

MM. Ollevier (Louis), bourgmestre de Furnes;

Vansteenkiste (Ch.), conseiller provincial et membre de la chambre de commerce de Bruges;

Vandecasieele (Ch.), membre de la chambre de commerce de Bruges;

Vandorp (Lefebvre), ancien fabricant, à Courtray;

Vanden Bogaerde (Auguste), distillateur, à Ypres;

Van Alleynes-Schockcel, membre de la chambre de commerce d'Ypres;

Vanden Peerenboom (Alphonse), échevin de la ville d'Ypres;

Vandendriesch (Ignace), fabricant de rubans, à Ypres;

Vanderbeke, bourgmestre de Nieuport;

Vandevelde (Hippolyte), procureur du roi, à Furnes;

Verrue (Jean), négociant, à Courtray;

Versavel-Noé, négociant, à Bruges.

DANS LA PROVINCE DE FLANDRE ORIENTALE :

MM. Claus-Van Aken, négociant et raffineur, à Gand;

De Smet-Bossaert, négociant, à Gand;

De Hemptinne (Charles), fabricant, à Gand,

Desmet de Nayer, négociant, à Gand;

D'Huyvetter (Z.), propriétaire, à Eecloo;

Dekens (Dominique), fabricant, à Ninove;

De Cuyper (Jean), fabricant, à Saint-Nicolas;

Eliaert-Cools, fabricant de fil, à Alost;

Faldome-Vankersbilk, fabricant, à Lokeren;

Grenier-Lefebvre, négociant, à Gand;

Heyndrickx-Demaere, fabricant, à Saint-Nicolas;

Le François, professeur de mathématiques, à Gand;

Mareska, professeur ordinaire à l'université de Gand;

Neelemans-d'Havé, négociant et fabricant, à Eecloo;

Nyssen (Joseph), fabricant, à Saint-Nicolas;

Reyntjens, bourgmestre, à Deynze;

Timmerman, bourgmestre, à Eecloo;

Talboom-Joss, fabricant, à Saint-Nicolas;

Troch-Beerens (Charles-Jean), fabricant et membre de la chambre de commerce, à Termonde;

MM. Van Butsele, membre de la députation permanente, à
    Nukerke ;
  Vranckx (Pierre), échevin et négociant, à Grammont;
  Van Langenhove-Vonhaeken, fabricant, à Zele;
  Velghe (Louis) fils, négociant, à Audenarde ;
  Verhoost (J.-F.), filateur, à Audenarde ;
  Vermeire (Théodore), fabricant et bourgmestre, à Hamme;
  Verberckmoes (N.-G.), fabricant et conseiller communal,
    à Termonde ;
  Wuytack (Henri), fabricant et membre de la chambre de
    commerce, à Waesmunster.

DANS LA PROVINCE DE HAINAUT :

MM. Debettignies, fabricant de porcelaine, à Tournay;
  Delneufcourt, ingénieur des mines, à Mons ;
  Duray (Léopold), filateur, à Braine-le-Comte ;
  Descy (Henri), fabricant d'indienne, à Ath ;
  Drion (François), fabricant de clous, à Gosselies ;
  Frison (Jules), ancien fabricant de clous, chef des verre-
    ries de Damprémy ;
  Gilson (Rasez), fabricant d'étoffes, à Tournay;
  Goffart (Henri), administrateur des hauts fourneaux, usi-
    nes et charbonnages de Monceau-sur-Sambre.
  Houtart-Cossée (François), directeur-gérant de la manu-
    facture de glaces et des produits chimiques de Sainte-
    Marie-d'Oignies, à Aiseau ;
  Huart (Chapel-Paul), ancien maître de forges, à Charle-
    roy;
  Letoret (Charles), industriel, à Mons ;
  Loiselet-Bouvart, fabricant de bonneterie, à Leuze ;
  Overman (G.), fabricant de tapis, à Tournay ;
  Rouvez (Florent), négociant en tissus de laine et coton,
    à Mons ;
  Simon (Hippolyte), négociant, à Peruwelz ;
  Verdure (Louis), filateur de laine, à Tournay ;
  Wellems, fabricant de faïence, à Jemmapes ;
  Warocqué (Abel), propriétaire de charbonnages et indus-
    triel, à Marchiennes.

MM. Biolley (Ivan), fabricant de draps, à Verviers ;
Burdo-Stas, fabricant de draps, à Liége ;
De Lamine, propriétaire et fabricant d'alun, à Liége ;
Delloy (Hyacinthe), fabricant de fer-blanc, à Huy ;
D'Omalius-Thiéry, fabricant d'instruments aratoires, à
Anthisnes ;
Dumont, professeur de métallurgie à l'université de Liége ;
Francotte (Clément), fabricant de quincaillerie, à Liége ;
Francotte-Lamarche, négociant, à Liége ;
Godin (Léopold), fabricant de papiers, à Huy ;
Lamarche (Vincent), propriétaire, à Liége ;
Malherbe (Joseph), fabricant d'armes, à Liége ;
Massange-Fischbach, tanneur, à Stavelot ;
Regnier-Poncelet, fabricant de machines, à Liége ;
Simonis (Armand), fabricant de draps, à Verviers ;
Snoeck fils, fabricant de draps, à Charneux.

DANS LA PROVINCE DE LIMBOURG.

MM. Aerts, horloger-mécanicien, à Tongres ;
Bamps, bourgmestre, à Hasselt ;
Bertrand, maître de poste, à Saint-Trond ;
De Woelmont (baron), membre du conseil provincial et de
la commission provinciale d'agriculture, bourgmestre
à Gors-op-Leuw ;
De Fastré, négociant et échevin, à Tongres ;
Frénay, bourgmestre de Roclenge-sous-Goyer ;
Guioth, ingénieur en chef des ponts et chaussées, à
Hasselt ;
Loos, négociant, à Peer ;
Thys, juge de paix, à Tongres ;
Willems, distillateur et ancien bourgmestre, à Hasselt.

DANS LA PROVINCE DE LUXEMBOURG :

MM. Colette, propriétaire d'ardoisières, à Bertrix ;
D'Huart (baron), président de la commission provinciale
d'agriculture, à Willemont ;

MM. Dutreux, ingénieur en chef des ponts et chaussées, à Arlon ;

Geoffroy, membre de la députation permanente, à Arlon ;

Gérard-Gofflot, tanneur, à Neufchâteau ;

Orban, tanneur, à Laroche ;

Poncelet, ingénieur des mines, à Arlon ;

Simonet, maître de forges, à Claire-Fontaine ;

Wurth, conseiller communal, à Arlon.

DANS LA PROVINCE DE NAMUR :

MM. Amand (Joseph), maître de forges, à Ermeton-sur-Biert ;

Arnould-Raymond, ancien fabricant de coutellerie, à Namur ;

Balat, architecte et marbrier, à Namur ;

Brabant-Lemielle, membre de la commission administrative du Musée de l'industrie, à Namur ;

De Cartier d'Yve (baron), maître de forges, à Yve ;

De Montpellier (Alphonse), propriétaire et fabricant, à Arbre ;

Dufer (François), tanneur et bourgmestre, à Namur ;

Mathieux, fabricant de papier, à Leffe, commune de Dinant ;

Rucloux, ingénieur des mines, à Namur ;

Winant (Louis), fabricant de porcelaine, à Andenne ;

Zoude-André, maître de verreries et de cristalleries, à Namur.

ART. 2. Les membres des commissions provinciales recueilleront dans leur ressort les renseignements dont il est question à l'art. 11, § 2, de notre arrêté réglementaire du 19 mars dernier. Ces renseignements seront adressés aux gouverneurs des provinces pour nous être transmis.

ART. 3. MM. les gouverneurs des provinces sont chargés, chacun en ce qui le concerne, de l'exécution du présent arrêté.

Bruxelles, le 5 avril 1847.

Le Ministre de l'intérieur,
Comte DE THEUX.

V.

PROROGATION DE L'OUVERTURE DE L'EXPOSITION.

LÉOPOLD, Roi des Belges,

Revu notre arrêté du 4 janvier dernier, portant qu'une exposition publique des produits de l'industrie nationale sera ouverte à Bruxelles le 1er juillet prochain;

Vu l'avis de la commission directrice de l'exposition, portant qu'il y a lieu de différer l'ouverture de cette exposition, afin de laisser plus de temps aux industriels pour achever les objets qu'ils se proposent d'y envoyer, et aux commissions provinciales, pour examiner ces objets;

Sur le rapport de Notre Ministre de l'intérieur,

Nous avons arrêté et arrêtons :

ARTICLE PREMIER. L'ouverture de l'exposition industrielle de 1847, fixée par notre arrêté précité au 1er juillet prochain, est remise au 15 du même mois.

ART. 2. Notre Ministre de l'intérieur est chargé de l'exécution du présent arrêté.

Donné à Bruxelles, le 15 avril 1847.

LÉOPOLD.

Par le Roi :

Le Ministre de l'intérieur,

Comte DE THEUX.

VI.

RÈGLEMENT CONCERNANT L'OUVERTURE D'UNE SOUS-CRIPTION POUR L'ACHAT ET LE PARTAGE D'OBJETS EXPOSÉS.

LA COMMISSION DIRECTRICE DE L'EXPOSITION A RÉSOLU :

ARTICLE PREMIER. Il sera ouvert une souscription par actions, pour l'achat et le partage, par la voie du sort, d'objets qui figure-ront à l'exposition.

ART. 2. Le prix de chaque action est fixé à dix francs.

ART. 3. M. Schumacher, trésorier de la commission, est chargé de la distribution des actions, ainsi que de la recette des fonds à en provenir.

ART. 4. Les actions seront souscrites par le trésorier et un autre membre de la commission; elles seront de la teneur sui-vante :

EXPOSITION DES PRODUITS DE L'INDUSTRIE BELGE.

1847.

SOUSCRIPTION.

N°

Le porteur de la présente a droit au lot que le sort fera échoir au numéro

dans le partage des objets provenant de l'exposition des produits de l'industrie belge de 1847. Ledit lot lui sera remis, sur la présentation et en échange de cette action, dans les trois mois qui suivront le jour où le tirage aura été terminé; passé ce terme, le porteur sera déchu de ses droits, et les objets dont le lot serait formé seront vendus au profit des hospices de Sainte-Gertrude et des Ursulines, à Bruxelles.

Bruxelles, le   1847.

Le commissaire délégué,   *Le trésorier,*

ART. 5. Indépendamment des mesures particulières qui seront prises pour le placement des actions dans les provinces, chacun pourra s'en procurer, à partir du 1er juillet prochain, au local de l'exposition.

ART. 6. Le produit des actions, sauf déduction des frais relatifs au tirage, sera consacré à l'acquisition d'objets choisis parmi ceux dont les exposants auront manifesté le désir de se défaire, et dont ils auront indiqué les prix, avant l'ouverture de l'exposition.

ART. 7. Le choix et l'achat des objets se feront par un comité que la commission choisira dans son sein.

Le comité cherchera à concilier les intérêts des actionnaires et des exposants, en donnant le plus d'attrait possible à la souscription.

ART. 8. Les opérations du comité seront soumises à l'approbation de la commission.

ART. 9. Des dispositions ultérieures fixeront l'époque et le mode de tirage au sort des lots.

Bruxelles, le 15 avril 1847.

Le bourgmestre président,

WYNS DE RAUCOUR.

Le secrétaire,

A. BLAES.

Approuvé le 18 avril 1847.

Le Ministre de l'intérieur,

Comte DE THEUX.

2

VII

PROLONGATION DES DÉLAIS POUR L'INSCRIPTION ET L'ENVOI DES OBJETS DESTINÉS A L'EXPOSITION.

LE MINISTRE DE L'INTÉRIEUR,

Vu l'arrêté royal du 15 avril dernier, qui proroge au 15 juillet prochain l'ouverture de l'exposition industrielle de 1847;

Revu les articles 4 et 5 de l'arrêté général règlementaire de cette exposition, en date du 19 mars dernier,

Arrête :

ARTICLE PREMIER. Les délais fixés par les articles 4 et 5 du règlement ministériel précité :

1° Pour l'inscription au secrétariat de la commune des objets destinés à l'Exposition;

2° Pour l'envoi de ces objets au chef-lieu provincial,

Sont respectivement prolongés jusqu'au 15 du mois de juin prochain.

ART. 2. Le présent arrêté sera publié, expédié aux gouverneurs et inséré au Mémorial administratif de chaque province.

Bruxelles, le 21 mai 1847.

(*Signé*) : Comte DE THEUX.

VIII

RÈGLEMENT CONCERNANT LES JOURS ET HEURES D'OUVERTURE DES SALONS ET LA POLICE QUI DOIT Y ÊTRE OBSERVÉE.

LA COMMISSION DIRECTRICE DE L'EXPOSITION ,

Vu l'article 2 de l'arrêté royal du 4 janvier 1847 ,

Voulant déterminer les jours et heures où le public sera admis dans les salons de l'Exposition, et régler la police intérieure qui devra y être observée, a résolu :

ARTICLE PREMIER. Les salons seront ouverts au public les dimanches, mercredis et vendredis, de 10 heures à 3, pendant toute la durée de l'Exposition.

Sont seuls exceptés les jours où Leurs Majestés visiteront les salons; ce dont il sera, autant que possible, donné avis par voie d'affiche et d'insertion dans les journaux.

ART. 2. L'entrée des salons est exclusivement réservée, les mardis, aux membres du jury nommé pour le jugement des produits présentés à l'Exposition.

ART. 3. L'entrée s'obtiendra, les lundis, jeudis et samedis, de 10 heures à 3, au moyen de cartes qui seront délivrées par les commissions administratives réunies des deux hospices de Sainte-Gertrude et des Ursulines dans un bureau établi au local du Nouvel Entrepôt.

Le prix des cartes est fixé à 50 centimes.

ART. 4. Les fabricants, manufacturiers, artistes et artisans dont les produits auront été exposés, seront admis dans les salons aux jours et heures mentionnés en l'article précédent.

Ils obtiendront à cet effet une carte particulière et *personnelle* au secrétariat de la commission.

Cette carte sera retirée s'il en est fait usage par d'autres que l'exposant au nom duquel elle aura été délivrée.

Art. 5. Le public suivra, dans les salons, la direction qui sera tracée.

Il ne sera pas permis, après que l'on aura quitté une salle, d'y rentrer.

Art. 6. Nul ne sera admis dans les salons de l'Exposition avec canne, bâton, parapluie, paquet, non plus qu'avec des armes qui ne font point partie d'une tenue d'uniforme.

Ces objets seront déposés et conservés, moyennant dix centimes chacun, dans un bureau qui sera établi à l'entrée du local.

Art. 7. L'entrée des salons est interdite aux enfants en bas âge.

Art. 8. On ne pourra toucher à aucun objet exposé, à moins qu'on ne soit accompagné de l'exposant ou d'un membre de la commission directrice. Les gardiens et surveillants des salons veilleront attentivement à ce que cette disposition soit observée.

Toute personne qui y contreviendrait sera immédiatement exclue des salons.

Art. 9. Chaque jour un membre de la commission, dont le nom sera affiché à l'entrée des salons, aura la direction et la haute surveillance de tout ce qui aura rapport à l'Exposition.

Les personnes qui voudront avoir des renseignements sur un objet de l'Exposition, devront les demander au membre de la commission directrice chargé de la surveillance des salons ou au secrétariat.

Art. 10. Le présent règlement sera affiché tant à l'entrée que dans chacune des salles de l'Exposition.

Bruxelles, le 8 mars 1847.

Le bourgmestre président,
Chevalier Wyns.

Le secrétaire,
A. Blaes.

Approuvé par le ministre de l'intérieur,
(Signé) : Comte de Theux.

DEUXIÈME PARTIE.

CATALOGUE

DES PRODUITS DE L'INDUSTRIE NATIONALE

ADMIS

A L'EXPOSITION DE BRUXELLES,

SUIVANT L'ORDRE DE LEUR RÉCEPTION.

N° 1. — SOCIÉTÉ ANONYME DES HAUTS FOUR-
NEAUX DE MONCEAU-SUR-SAMBRE, directeur
M. GOFFART, HENRI.
(*Hainaut.*)

a.   Échantillon de rail à double champignon, pesant
34 kilog. par mètre.
b.   Échantillon de rail pesant 27 kilog. par mètre.
c.   id.   id.   22   id.
d.   id.   de bandages de roue de waggon.
e.   id.   id.   id.   (Système de
Ridder).
f.   id.   id.   de roue de locomotive.
g.   Une botte fer feuillard de 55 millimètres, sur
1/2 d'épaisseur.

h.   Une barre fer rond de 8 millimètres.

i.   id   de 7   id.

j.   Quatre échantillons de fers ronds et de fers carrés.

k.   Une tôle forte, du poids de 490 kilogrammes, pour la construction de navires de mer.

l.   Quatre modèles de fers d'angle.

m.   Cinq modèles de fers à châssis.

n.   Une barre de fer en T.

o.   Deux échantillons de fonte.

p.   Modèle d'un pont en fonte, sur la Sambre. (Le pont a 24 mètres de portée, sur 4 mètres de largeur; il pèse 49,000 kilogrammes.)

N° 2. — SOCIÉTÉ ANONYME DES FORGES DE CLABECQ. Directeurs MM. NESTOR et J.-C. GODARD.

(Brabant.)

a.   Un essieu brut en fer de masse, corroyé et fabriqué sans estampe, au moyen de l'enclume et du marteau ordinaire (système adopté pour les voitures du chemin de fer de l'État).

b.   Un essieu forgé comme le précédent et plié à froid à la suite d'un essai à outrance, opéré, au magasin de réception, à Malines, au moyen d'un mouton pesant 420 kilogr. et tombant d'une hauteur de 5 mètres.

c.   Une barre ronde, de 75 millimètres, fer de masse battu sans estampe.

d.   Une barre hexagone, de 70 millimètres, fer de masse battu, avec un bout courbé à froid.

e.   Une barre octogone de 50 millimètres.

f.   id. carrée de 50   id.

g.   id. méplate de 10 sur 2 1/2 centimètres, déchirée à froid.

h.   Un essieu ordinaire de voiture, en fer de masse battu.

i.   Deux boites en fonte pour l'essieu susdit.

l.   Quarante-trois engrenages divers de filature, en fonte.

k.   Sept chaudrons de divers numéros, en fonte.

l.   Trois pots à la mode, de divers numéros,   id.

m.   Une marmite du pays avec couvercle,   id.

n.   Trois casseroles de divers numéros,   id.

o.   Trois poêlons, id.   id.

p.   Un gratte-pieds ouvragé,   id.

q.   Un porte-parapluie.   id.

No 3. — MM. DUFER frères, maîtres de fonderie, à Monceau-sur-Sambre.

(*Hainaut.*)

a.   Trois marmites (dites pots à la mode.)

b.   Trois id. (dites normandes.)

c.   Trois chaudrons (dits du pays.)

d.   Trois plats à rôtir.

e.   Trois coquemars.

f.   Un bac à houille.

g.   Deux boites pour essieux de chariots.

h-i.   Quatre pots d'étuve.

N° 4. — M. BAUTHIER, Édouard, à Montigny-sur-Sambre.

(*Hainaut.*)

a.   Une paire de candélabres en fer forgé, poli.

b.   Un moulin à café.

No 5. — SOCIÉTÉ ANONYME DES FORGES ET LAMINOIRS DE L'HEURE, à Marchienne-au-Pont.
(*Hainaut.*)

a.   Quatre barres fer battu à la houille.
b.   Quatre rails pour houillère.
c.   Trois barres fer laminé.
d.   Une botte feuillard.
e.   Deux barres bandelettes.
f.   Sept barres fer rond.
g.   Quatre barres fer laminé, forme octogone.
h.   Deux bottes fer au bois.
i.   Deux id. au coke.

No 6. — SOCIÉTÉ ANONYME DE SAINT-LÉONARD, pour la fabrication des outils et machines, directeur M. REGNIER-PONCELET.
(*Liége.*)

a.   Un grand assortiment de limes et six échantillons en acier fondu.
b.   Un assortiment de lames de tondeuses, deux scies circulaires et deux couteaux de cuisine.
c.   Un grand assortiment de scies de toute dimension.
d.   Huit faux.
e.   Assortiment de couteaux pour la papeterie, la tannerie et la sellerie ; un couteau hache-paille.
f.   Lingots, barres et burins en acier ordinaire et en acier fondu.
g.   Une tondeuse transversale, perfectionnée.
h.   Une tondeuse longitudinale, nouvelle invention, pour tondre les draps.
i.   Une locomotive.

N° 7. — MM. REMACLE et PÉRARD, à Liége.
(Liége.)

a.   Trois feuilles de zinc.
b.   Deux tôles polies, fer au bois.
c.   Id.   non polies,   id.
d.   Id.   polies, fer au coke.
e.   Id.   non polies,   id.

N° 8. — M. RONKAR, JACQUES, à Liége.
(Liége.)

a.   Un poêle en cuivre.
b-c.   Deux poêles en fer.

N° 9. — M. MATTERN, HENRI, à Borgerhout.
(Anvers.)

Une courroie pour appareils de mécanique.

N° 10. — M. MAES, LOUIS, à Malines.
(Anvers.)

a-b.   Deux poêles à régulateur, en fer.
c.   Un lit en fer.

N° 11. — M. JANS, MICHEL, à Hasselt.
(Limbourg.)

Une serrure à deux clefs distinctes.

N° 12. — M. REMION, à Verviers.
(Liége.)

Un régulateur à détente mobile, pour une machine de
la force de vingt chevaux.

N° 13. — M. HANSOTTE-DELLOYE, à Huy.
(Liége.)

Colle forte (huit échantillons).

N° 14. — M. MILLIS, PIERRE, à Hasselt.
(*Limbourg.*)

a-b. Deux exemplaires d'un ouvrage illustré sur l'histoire numismatique de la révolution belge.

N° 15. — Mlle VAN NIERBEEK, AGATHE, à Saint-Trond.
(*Limbourg.*)

a. Douze pièces de dentelle, fond de Malines.
b. Huit pièces   id.   fond de Lille.

N° 16. — Mlle FOURJEAN, MARIE, (atelier d'apprentissage sous le patronage d'une association de dames, à Saint-Trond.)
(*Limbourg.*)

Cinq pièces de dentelle, fond de Malines, et application de Bruxelles; quatre petits ronds en dentelle de Malines.

N° 17. — M. NELIS, JEAN, à Hasselt.
(*Limbourg.*)

Un dessin à la plume.

N° 18. — M. BAUDUIN, JEAN-JACQUES, à Liége.
(*Liége.*)

Aiguilles à coudre et à tricoter.

N° 19. — DETRY, JEAN-BAPTISTE, à Tirlemont.
(*Brabant.*)

Deux pièces d'étoffe à l'usage des moulins à huile.

N° 20. — Mme Ve AUBRY, à Viesville.
(*Hainaut.*)

Un assortiment de vis, pitons, crochets et gonds.

Nᵒ 21. — M. EKKART, Joseph, à Borgerhout.
(*Anvers.*)

Un tapis en poil de vache.

Nᵒ 22. — WAERSEGERS, F., à Anvers.
(*Anvers.*)

a. Un fusil de luxe, canon double et damassé, avec
accessoires.
b. Une paire de pistolets de tir, canon damassé, poi-
gnée en ébène, avec accessoires.

Nᵒ 23. — M. JUDO, Jean-Baptiste, architecte, à Anvers.
(*Anvers.*)

Modèle d'architecture pour maisons en fer.

Nᵒ 24. — M. CLEP fils, à Alsemberg.
(*Brabant.*)

Six tubes perfectionnés pour les filatures de coton, dans
lesquelles il est fait usage du rota-frotteur.

Nᵒ 25. — M. LENAERTS, Pierre, ébéniste, breveté du
Roi, à Aerschot.
(*Brabant.*)

Un modèle d'escalier en acajou.

Nᵒ 26. — M. RIEMSLAGH et sœurs, de Malines.
(*Anvers*).

a. Une collection d'écheveaux de fils de laine.
b. Une pièce de tissu de laine à l'usage des fabricants d'huile.

N° 27. — M. RISTEMACKERS, Henri, à Anvers.
(*Anvers.*)

Une collection d'échantillons de toiles de crins à tamis, et de crins teints.

N° 28. — M. KIEWERT, Paul, à Anvers.
(*Anvers.*)

a.   Tableau rentoilé.
b.   Un dislocateur, à l'usage des pianistes.

N° 29. — M. HODY, Jean-Joseph, à Seppenaeken.
(*Liége.*)

Un mesureur géométrique.

N° 30. — M. REMY-DEHERTOGHE, Guillaume, à Tirlemont.
(*Brabant.*)

a-c.   Sept pièces de baye de diverses couleurs.
d-e.   Deux pièces de baye pour couvertures de chevaux.

N° 31. — M. DULIER-MILTGEN, Antoine, à Nivelles.
(*Brabant.*)

a-bb.   Vingt-six pièces de molleton.

N° 32. — M. BRUYNINCKX, Félix, à Calmpthout.
(*Anvers.*)

Tableau à la plume.

N° 33. — M. VAN ENGELEN, Pierre, à Lierre.
(*Anvers.*)

a-m.   Instruments de musique en cuivre : cors, cornets, trompettes, trombones, ophicléides, etc.

N° 34. — M. BOSQUET, JEAN, à Nivelles.
(Brabant.)

Huit pièces de toile de crins.

N° 35. — M. COOREMAN, ARMAND-JOSEPH, à Rebecq-
Rognon. (Brabant.)

Vingt-sept échantillons de fil à dentelle.

N° 36. — M. VLOEBERGHS et Cᵉ, à Saint-Josse-
ten-Noode.
(Brabant.)

a-h. Huit pièces de tapis en fil de poil de vache,
couleurs variées.
i-j. Deux carpettes en fil de poil de vache.
k-s. Neuf foyers tissés en idem.
t. Vingt et un échantillons de laque, pure garance,
nuances variées.
u. Quinze échantillons de laine tontisse, nuances
variées, pour la fabrication du papier velouté.

N° 37. — M. HAYEZ, MARCEL, à Bruxelles.
(Brabant.)

a. Annales de l'Observatoire.
b. Calcul des probabilités.
c. Mémoires de l'Académie.
d. Mémoires couronnés par l'Académie.
e. Bulletin de l'Académie.
f. Histoire de la Révolution de 1830.
g. Histoire de la Révolution de Liége.
h. Vie du Dante.
i. Vie du Tasse.
k. Statistique du commerce.

l.   Notice sur les archives de Lille.

m.   Id.   de Dijon.

n.   Code administratif.

o.   Chroniques belges inédites.

p.   Inventaire des archives.

q.   Bulletin de la commission centrale de statistique.

r.   Catalogue systématique de la Bibliothèque de la
        Chambre des Représentants.

N° 38. — M. MEURANT, Édouard, à Bruxelles.
(*Brabant.*)

a.   Une baignoire à gorge polie, en zinc, avec appareil pour chauffer l'eau.

b.   Une idem, à fauteuil, avec appareil pour chauffer l'eau.

c.   Un chauffe-plat en cuivre.

d.   Couverture en zinc pour bâtiments.

e.   Un bocal à conserver les pièces anatomiques.

f.   Un fourneau économique, dit *cuisinière,* en tôle.

g.   Bain de siége, en zinc poli.

h.   Pompe sans ferraille, propre à être placée dans l'intérieur d'une citerne.

N° 39. — MM. HALLUIN frères, à Trazegnies.
(*Hainaut.*)

Un grand assortiment de bossettes, cabuchons, chevilles et clous.

N° 40. — M. CUMONT-DECLERCK, à Alost.
(*Flandre orientale.*)

Un assortiment de fil à coudre.

No 41. — Mme EDOUARD - CAPELLE , à Bruxelles.
(*Brabant.*)

a-c. Trois corsets.

No 42. — M. LAURENT, JOSEPH-GASPARD, à Bruxelles.
(*Brabant.*)

Deux fers économiques à repasser, à l'usage des tailleurs.

No 43. — MM. HAMOIR et DEBY, à Laeken.
(*Brabant.*)

a. Six échantillons de céruse en pains, et une partie
en écaille.
b-d. Trois échantillons de minium.
e. Un échantillon de céruse broyée, première qualité.

No 44. — M. EVERARD-CELIS, à Borgerhout.
(*Anvers.*)

Un échantillon de soie brute.

No 45. — Mme Ve DELEMARE, à Malines.
(*Anvers.*)

Un collier, peinture en cheveux.

No 46. — M. LANDA, JOSEPH, à Bruxelles.
(*Brabant.*)

a. Un registre, grand-livre, à dos élastique.
b. Un registre-journal.

No 47. — M. BRIARD, JEAN-HENRI, à Ixelles.
(*Brabant.*)

a-c. Deux Bibles et un Nouveau Testament.

N° 48. — M. BOURÉ, BERTRAND, à Bruxelles.
(*Brabant.*)

Un écrin contenant des objets émaillés.

N° 49. — Mlle D'HAESE, STÉPHANIE, à Aeltre.
(*Flandre orientale.*)

Un mouchoir de batiste, garni en dentelle.

N° 50 — Mme SCHNEIDER, née Fleck, à Bruxelles.
(*Brabant.*)

Un devant de cheminée, en laine, brodé avec perles.

N° 51. — Mlle VAN CALSTER, à Bruxelles.
(*Brabant.*)

a.   Un bas de robe brodé au crochet.
b.   Un dessin pour écharpe.
c.   Un bonnet d'enfant brodé, sans couture.
d.   Une bourse faite au crochet.

N° 52. — M. UYTROEVEN, ÉDOUARD, à Bruxelles.
(*Brabant.*)

Boutons en soie, faits à l'aiguille.

N° 53. — MM. DEBEHR frères, à Ixelles.
(*Brabant.*)

Pains de blanc de plomb et de céruse.

N° 54. — MM. VERMEULEN et VANDERSPIET, à
Anvers.
(*Anvers.*)

Un assortiment d'écheveaux de soie à dentelles, et de
bobines de soie, de différentes nuances.

N° 55. — M. FERRIER de TOURETTES, à Bruxelles.
(*Brabant.*)

Un buste de phrénologie, d'après le système dit *Prototype différentiel.*

N° 56. — Mlle PLUM, JEANNETTE, à Bruxelles.
(*Brabant.*)

Un tableau en tapisserie.

N° 57. — M. MAGNÉE, FRANÇOIS, à Bruxelles.
(*Brabant.*)

a. Vingt-deux ouvrages de calligraphie.
b. Modèles de cartes d'adresse et de visite, les unes
gravées sur cuivre, les autres lithographiées.

N° 58. — M. BAUGEY, FRANÇOIS, à Laeken.
(*Brabant.*)

a. Quarante-huit échantillons de vernis, laques,
huiles, etc.
b. Une collection de portefeuilles, portefeuilles-por-
traits, pupitres, papeteries et buvards, en
maroquin, veau russe, etc.

N° 59. — M. KOENING, ADOLPHE, à Saint-Gilles.
(*Brabant.*)

Échantillons de produits chimiques.

N° 60. — M. EKELSBEKE-DEPORTERE fils, à Courtray.
(*Flandre occidentale.*)

a-b. Deux assortiments de fils retors.

N° 61. — M. CAESSENS, CHARLES, à Courtray.
(*Flandre occidentale.*)

Deux pièces de serviettes.

N° 62. — M. CAESSENS, CONSTANT, à Courtray.
(*Flandre occidentale.*)

Quatre pièces de serviettes.

N° 63. — M. BLANCQ-VERSCHUEREN, à Courtray.
(*Flandre occidentale.*)

Une pièce de toile.

N° 64. — M. HERRINCK, FRANÇOIS, à Luingne.
(*Flandre occidentale.*)

a-c. Un assortiment d'écheveaux de fil de lin.

N° 65. — M. DEWÈSE, FRANÇOIS, à Luingne.
(*Flandre occidentale.*)

Divers échantillons de plombs pour Jacquarts.

N° 66. — MM. BERTHELOT. BONTE et Cᵉ, à Courtray.
(*Flandre occidentale.*)

Un assortiment de fil de lin, filé à la main, dit *fil de mul-quinerie*, devidé en échevettes, et un assortiment du même fil, ourdi en chaîne.

N° 67. — M. DEBEVEREN, CONSTANT, à Courtray.
(*Flandre occidentale.*)

Un assortiment de pipes.

N° 68. — M. MEERT, BERNARD, à Alost.
(*Flandre orientale.*)

Deux chiens-loups empaillés.

N° 69. — M. BAILLI, Pierre, à Bruxelles.
(*Brabant.*)

Objets divers tournés, en bois de coco (coquetiers et nécessaires).

N° 70. — M. GREUZE, Charles, imprimeur, à Schaerbeek.
(*Brabant.*)

a.   Un exemplaire de l'ouvrage intitulé : *Acta Sanc-
torum.*

b.   Un exemplaire de l'ouvrage intitulé : *Acta sanctæ
Teresiæ virginis.*

N° 71. — M. MELLAERTS, François, à Borgerhout.
(*Anvers,*)

Produits médico-chimiques.

N° 72. — M. MANGAM, Nicolas-François, à Bruxelles.
(*Brabant.*)

Six bouteilles d'eau capillaire.

N° 73. — MM. DELFOSSE et Cᵉ, à Bruxelles.
(*Brabant.*)

Chaussures.

N° 74. — M. VANBELLINGHEN, J. H., à Anvers.
(*Anvers.*)

a-o.   Quinze pièces d'étoffes de soie, dites étoffes de
faille, pour cravates.

N° 75. — M. HELIN, François, à Ath.
(*Hainaut.*)

Deux lames métalliques pour toute espèce de tissus, et

une pièce de toile de coton, confectionnée à l'aide de ces lames.

N° 76. — M. KENSTERS, HENRI-FRANÇOIS, à Diest.
(Brabant.)

Un échantillon de laine blanche triée.

N° 77. — MM. DEBBAUDT, frères, à Courtray.
(Flandre occidentale.)

Quatre échantillons de céruse.

N° 78. — M. GOVART, PHILIPPE, à Bruxelles.
(Brabant.)

a. Une baignoire en zinc, sur roulettes.
b. Une pompe en zinc, pour citerne.
c. Une fenêtre-tabatière en zinc, forme octogone, pour toiture en ardoises.
d. Une id. pour toiture en pannes.
e. Une id. forme quadrangulaire, pour toits en ardoises.
f-g. Deux id. id. pour toits en pannes.

N° 79. — M. PRUDENT, FRANÇOIS, à Bruxelles.
(Brabant.)

a-c. Trois registres.

N° 80. — MM. BAUTHIER, frères, à Nivelles.
(Brabant.)

a-h. Huit pièces d'étoffe de laine.

N° 81. — M. MEUR, ALBERT, à Nivelles.
(Brabant.)

a-g. Sept pièces de molleton et étoffes de Nivelles.

N° 82. — M. DERETTE, Pierre, à Bruxelles.
(*Brabant.*)

Une trombone, avec tons de rechange.

N° 83. — M. ELOY, Jacques, à Bruxelles.
(*Brabant.*)

a. Vingt-sept pièces indiennes.
b. Huit pièces foulards.
c. Dix pièces meubles perses.

N° 84. — M. VERSTRAETEN-PENNEMAN, à Saint-Nicolas.
(*Flandre orientale.*)

a-b. Deux pièces de cotonnette fine, de 4,600 fils, sur sept quarts.
c. Une pièce de cotonnette fine, de 4,300 fils.
d. Une id. de cotonnette superfine, de 6,000 fils.
e. Une id. de cotonnette croisée, pure, de 5,300 fils.
f-g. Deux id. de cotonnettes croisées, indiennes, de 3,200 fils.
h. Une pièce de siamoise, double chaine.
i. Une id. de cotonnette fine apprêtée.
k. Cotonnette croisée crêpe.
l. Une pièce de cotonnette de fantaisie.

N° 85. — M. GRÉGOIRE-BOONS, Jean-Baptiste, à Bruxelles.
(*Brabant.*)

a. Deux pièces de piloux.
b. Une pièce de basin, à côtes.

N° 86. — M. VANBRAEKEM, Joseph, à Tirlemont.
(*Brabant.*)

a-f. Neuf pièces de baye; une pièce d'étoffe servant
au pressage des betteraves; une pièce de flanelle grise.

N° 87. — M. DECHARNEUX, Nicolas, à Liége.
(*Liége.*)

Un prie-Dieu, en bois de chêne.

N° 88. — M. STROHN, D., à Liége.
(*Liége.*)

a-b. Deux modèles de jalousies.

N° 89. — M. OUDOUX-THURION, François, à Liége.
(*Liége.*)

Un carton, posé sur un châssis en bois, et propre à être
employé pour porte, toiture, etc.

N° 90. — M. WILMOTTE-JAMBLIN, Jean-Baptiste, à
Liége.
(*Liége.*)

Une collection d'objets dorés et argentés par le procédé
électro-chimique, savoir :
a.   Deux lampes de procession.
b.   Une croix de procession.
c.   Un encensoir.
d-f. Trois pinces à sucre.
g-z. Cafetières, pots au lait, bouilloire avec réchaud,
et sucriers, en composition dite anglaise.

N° 91. — M. GERBOUX, Louis, à Mons.
(*Hainaut.*)

Modèle en bois de la tour du château de Mons, exécuté
à l'échelle de 1/50.

N° 92. — M. BONGAERTS, François, à Anvers.
(*Anvers.*)

a-f.   Six pièces de tapis.
g.   Trois pièces d'étamine pour pavillon.
h.   Vingt-quatre sacs en toile.
j.   Une pièce de toile d'emballage.
k.   Une pièce de toile à voile, large de 2 mètres 75 centimètres.

N° 93. — M. TIMMERMANS, Clément, à Enghien.
(*Hainaut.*)

Un secrétaire en palissandre, avec incrustations en bois de houx.

N° 94. — M. HASELEER, Joseph, à Bruxelles.
(*Brabant.*)

a-d.   Deux étagères et deux tables à ouvrage, imitation d'écaille, avec incrustations.
e.   Un écran, imitation de broderie.
f-i.   Quatre chaises.

N° 95. — M. GOYERS, Jean, à Malines.
(*Anvers.*)

a.   Six chandeliers d'autel, en cuivre argenté.
b.   Deux lanternes d'autel.
c.   Un encensoir.

N° 96. — M. TILLY, Joseph, à Contich.
(*Anvers.*)

a-l.   Neuf chapeaux, feutre noir et soie.

Nº 97. — M. COLDERS VANROY, à Anvers.
(*Anvers.*)

a. Cinq échantillons d'asphalte artificiel.
b. Neuf échantillons d'un enduit préservatif de l'humidité.
c. Quatre échantillons, ciment de fer.
d-g. Huit échantillons, ciment pierre de taille.
h-s. Vingt-trois échantillons, ciment pour marbre.
t. Papier conservateur.
u. Vernis pour tuiles de fer.
v. Vernis pour parquet.
w-x. Deux toiles à peindre.
y-z. Cartons préparés.

Nº 98. — MM. BREPOLS et DIERCKX, fils, à Turnhout.
(*Anvers.*)

a-u. Papiers de couleur pour reliure.
v. Cinquante-cinq livres de piété.
w. Trente-deux paquets de cartes à jouer.

Nº 99. — M. HARTWIG, GEORGE, à Borgerhout.
(*Anvers.*)

Sept caisses de cigares.

Nº 100. — M. DEVRIES-VERMEYLEN, à Anvers.
(*Anvers.*)

a-d. Quatre échantillons de bleu pour blanchissage.

Nº 101. — Mlle LEROY, FRANÇOISE, à Etterbeek.
(*Brabant.*)

Un tableau (brodé en laine) représentant Louis XIII et le cardinal de Richelieu.

N° 102.—M. BLANCKAERT, Jean-Baptiste, à Bruxelles.
(*Brabant.*)

Douze rasoirs.

N° 103. —MM. FORTAMPS, et Cᵉ, à Leeuw-Sᵗ-Pierre.
(*Brabant.*)

Une collection d'échantillons de fils de coton.

N° 104.—M. CORNÉ, Alexandre, à Molenbeek-Sᵗ-Jean.
(*Brabant.*)

a. Vingt-cinq peaux de mouton tannées, teintes en différentes couleurs.

b. Douze échantillons de cuirs à chapeaux.

N° 105. —M. FERDINAND, Henri, à Bruxelles.
(*Brabant.*)

a. Une vachette vernie.

b. Une peau de veau vernie.

c. Un cuir pour garde-boue, verni.

N° 106.— M. PIETERS, Alphonse, à Bruxelles.
(*Brabant.*)

a. Une pièce d'étoffe de crin.

b. Un store transparent en toile.

N° 107. — M. HONHON, Guillaume, à Bruxelles.
(*Brabant.*)

a-l. Onze chapeaux de paille pour dames.

N° 108. — M. DEBONTRIDDER, Henri, à Vilvorde.
(*Brabant.*)

a-u. Quatorze coupons d'étoffe de crin, pour canapés, chaises, casquettes, etc.

Nº 109. — M. PAGNY, Auguste, et Cᵉ, à Saventhem.
(*Brabant.*)

a-c. Deux rouleaux et sept pièces de feutre pour la
fabrication du papier.

Nº 110. — Mˡˡᵉˢ CHABOT sœurs, à Gand.
(*Flandre orientale.*)

Une corbeille de fruits en cire et de fleurs artificielles.

Nº 111. — M. LARUELLE-VANDOREN, Benoit, à
Bruxelles.
(*Brabant.*)

Un feu ouvert, en fer.

Nº 112. — LACROIX-CROTHEUX, à Bruxelles.
(*Brabant,*)

Modèle d'un nouveau système de toiture en zinc.

Nº 113. — M. VERBESSELT, François, à Molenbeek-
Sᵗ.-Jean.
(*Brabant.*)

Un assortiment de soixante peaux de diverses couleurs :
basanes, veaux, maroquins.

Nº 114.— M. PATERNOSTRE, Jérome, à Louvain.
(*Brabant.*)

a. Une chasuble.
b. Un dessin à l'aiguille.

Nº 115. — M. REMACLE, Gustave, à Bruxelles.
(*Brabant.*)

a-b. Deux verres à vitre, dépolis.

N° 116. — M. WILFORD, WILLIAM, à Tamise.
(*Flandre orientale.*)

a-b. Deux rouleaux de toile à voile, blanchie et tissée
à l'ordinaire, imitation des toiles à voile de la
marine royale anglaise.

c. Un rouleau de toile de chanvre, blanchie à la
potasse seulement, imitation hollandaise.

N° 117. — M. YOUNG BINGHAM, à Tamise.
(*Flandre orientale.*)

a-b. Deux paquets de fil d'étoupe, pour toile à voile.

c. Un paquet de fil de lin.

N° 118. — M. DE STROPPER, CHARLES, à Sinay.
(*Flandre orientale.*)

a-c. Une pièce de toile de fil; une id., fil et coton;
une id., coton pour matelas.

d-e. Deux pièces de coutil de fil.

f. Une id. de coton plat.

g. Une id. de toile à carrés en fil.

h. Une id. pointillée, coton et laine.

i. Une id. de siamoise, fil et coton.

k-l. Deux id. de coton.

N° 119. — M. BLASSEAU, JEAN-BAPTISTE, à Bruxelles.
(*Brabant.*)

a-g. Lithographies : plans et cartes.

N° 120. — Mme Ve VANKERSBILCK, à Lokeren.
(*Flandre orientale.*)

a-w. Vingt-deux pièces de cotonnette.

x-ff. Neuf pièces de cotonnette, laine et coton.

Nº 121. — M. VAN NIEUWENBORG, Josse, à Lokeren.
(*Flandre orientale.*)

Quatre chapeaux en pluche de Lyon, sur feutre imperméable.

Nº 122. — M. COCK, François, à Lokeren.
(*Flandre orientale.*)

Un axe pour moulin à vent.

Nº 123. — MM. ORLAY frères, à Thielrode.
(*Flandre orientale.*)

Une pièce de dentelle, d'un mètre de largeur.

Nº 124. — M. DE BELIE, à Saint-Nicolas.
(*Flandre orientale.*)

a.   Une pièce de mérinos croisé.
b.   Une id.   id.   non croisé.
c-d.   Deux id. de casimir, pour dames.
e.   Une   id. de nankin gris.
f.   Une   id. de batiste à carreaux.

Nº 125. — M. FRISON, à Lodelinsart.
(*Hainaut.*)

a.   Vingt-neuf feuilles de verre à vitre, simple épaisseur.
b.   Cinq feuilles de verre à vitre, double épaisseur.
c.   Cinq   id.   id.   triple épaisseur.
d.   Une   id.   id.   quadruple épaisseur.
e.   Quatre pannes ou tuiles, double épaisseur.
f.   Quatre   id.   triple épaisseur.
g.   Quatre   id.   quadruple épaisseur.

Nº 126. — M. DEMUNTER, Gabriel, à Bruxelles.
(*Brabant.*)

Une paire de souliers cousus à l'anglaise.

Nº 127. — M. THEYS, J. J., à Nivelles.
(*Brabant.*)

a-c. Trois cuirs forts de Hongrie.

Nº 128. — M. VAN EYCK-DE BLOCK, à Saint-Nicolas.
(*Flandre orientale.*)

Un châle en laine.

Nº 129. — M. EYKENS, F., à Courtray.
(*Flandre occidentale.*)

a-b. Deux pièces de toile pour essuie-mains.
c-k. Huit douzaines dé serviettes encadrées, en fil de lin.
l. Une douzaine de serviettes à franges et bords rouges.
m-n. Deux pièces diaper, nᵒˢ 2 et 3.
o. Une pièce de toile à matelas, ouvragée.
p. Une id. damassée.
q. Une id. blanche, fil de lin filé à la main, 3,600.
r. Une pièce de toile blanche, fil de lin filé à la main, 4800.

Nº 130. — MM. DERYCKÈRE frères et sœurs, à Iseghem.
(*Flandre occidentale.*)

Un assortiment de brosses.

Nº 131. — M. LAURENT, Alexandre, à Bruxelles.
(*Brabant.*)

Un vase en cristal, gravé.

N° 132. — M. DEPREZ, I. F. F., à Liége.
(Liége.)

a-f.   Neuf cadrans en verre.

N° 133. — M. DUMOULIN, à Liége.
(Liége.)

Un piano-buffet, à sept octaves.

N° 134. — M. CAMBIER, E., à Ath.
(Hainaut.)

a.   Un buffet-étagère, en palissandre.
b.   Deux cannes guillochées.
c-d.   Un fauteuil et une chaise.

N° 135. — M. SEGHERS, JEAN, à Malines.
(Anvers.)

Douze échantillons de bleu d'azur.

N° 136. — M. MICHIELS, JOSSE, à Anvers.
(Anvers.)

a.   Soixànte statuettes, bustes et autres objets, cui-
    vrés, bronzés, argentés et dorés par le procédé
    galvano-plastique.
b.   Une statuette de la Vierge, argent et or, même
    procédé.
c.   Un sucrier et un carafon en cristal, galvanisés.
d.   Quatre appareils de chimie en verre et porcelaine,
    galvanisés.
e.   Une collection de cinquante et un échantillons de
    produits chimiques.

N° 137. — MM. DESOUROUX et C°, à Spa,
(*Liége.*)

a-b.   Douze rubans à carder et à peigner la laine et le coton.

c.   Quatre plaques à carder le coton et les laines grasses et peignées.

d.   Quatre plaques à carder le coton et la laine.

e-f.   Un assortiment de quarante-sept broches et lames, pour appareils à carder le coton et la laine.

N° 138. — MM. BONIVER frères, à Verviers.
(*Liége.*)

a.   Six cardes.
b.   Six rubans pour cardes.
c.   Deux cylindres de cardes.
d.   Une carde de fantaisie.

N° 139. — MM. J. VAN CUTSEM et VERBRUGGHEN, à Bruxelles.
(*Brabant.*)

a-h.   Huit pièces de piloux.
i-m.   Quatre pièces de dimite.

N 140. — M. RÉQUILÉ-DELHEZ, à Liége.
(*Liége.*)

a.   Un porte-tube en indicateur de niveau d'eau.
b-c.   Deux sifflets d'alarme, avec leur flotteur.

N° 141. — M. KELLER, Henri, à Bruxelles.
(*Brabant.*)

Vingt-sept bourses, soie et fil.

N° 142. M. XHOFFRAY, Cl. et C°, à Bilstain.
(*Liége.*)

a-c. Trois paquets de laine filée pour chaine.
d-g. Quatre id.   id.   pour trame.
h-o. Huit   id.   id.   pour articles de
        Rheims.
p-r. Deux échantillons de filature en deux bouts, pour
        nouveautés.
s.   Un échantillon de filature en deux bouts, teinte
        en laine.

N° 143. — MM. FALISE et TRAPMAN, à Liége.
(*Liége.*)

a.   Un assortiment de cheminées de fusil et de
        capsules.
b-d. Échantillons de cardes, cuirs à cardes et cuirs à
        courroies pour machines.

N° 144. — M. ART, J. B., à Bruxelles.
(*Brabant.*)

Une table à écrire, avec incrustations en métal.

N° 145. — M. DANTY, Édouard, à Saint-Josse-ten-
        Noode.
(*Brabant.*)

Une corbeille de fleurs artificielles en papier.

N° 146. — M. FAYN, N., à Visé.
(*Liége.*)

a.   Vingt et une paires de bas.
b.   Six paires de chaussettes.

N° 147. — MM. GÉRARD et HUBENS, à Liége.
(*Liége.*)

a. Un compas à diviser les cercles, à limbe mobile.
b. Un id. id. à limbe fixe.
c. Un id. id. à quart de cercle.
d-e. Deux instruments à tracer les cercles et les rayons.
f. Un calibre pour verres.
g. Un indicateur de contact instantané, mouvement à ressort allant 15 jours.
h. Un indicateur de contact instantané, mouvement de montre.
j. Un portefeuille-ordonnancier de médecin.
k. Plumes-encriers à piston.
l-o. Quatre lampes, à force constante.
p-s. Quatre id., à modérateur simplifié.

N° 148. — MM. BAYARD frères, à Herstal.
(*Liége.*)

a. Une collection de boulons, avec écrous de toute dimension, règles, compas et clefs.
b. Dix-huit gourmettes et chainettes.
c. Boulons et objets de serrurerie pour carrossier.
d. Une balance à ressort, servant à indiquer la pression de la vapeur.

N° 149. — M. BALTUS, à Verviers.
(*Liége.*)

Cinq garnitures à filer le lin et les étoupes.

N° 150. M. MISSON, à Spa.
(*Liége.*)

a-b. Deux tables.

4

c-d.   Deux portefeuilles.

N° 151. — M. DECROUPET, Sébastien, à Beyne-
       Heusay. (*Liége.*)

Un cric double, de première force, spécialement destiné
     au service du chemin de fer et de la grosse industrie.

N° 152. — MM. DELAROYER et SPINNAEL,
       à Bruxelles.
       (*Brabant.*)

Une pièce de toile.

N° 153. — M. CORVILAIN, Victor, à Bruxelles.
       (*Brabant.*)

a-b.   Deux planches représentant des locomotives,
     gravure sur pierre.

N° 154. — M. CLOSE, Alexandre, à Liége.
       (*Liége.*)

Une voiture, dite coupé trois quarts, à quatre places.

N° 155. — M. JOURDAIN, Louis, à Gand.
       (*Flandre orientale.*)

a.   Un tabernacle doré.
b.   Une table à ouvrage, dorée.

N° 156. — M. YSEBAERT, Jean-Baptiste, à Gand.
       (*Flandre orientale.*)

Un bâti de métier à tisser la toile.

N° 157. — M. DEMUYNCK, B., à Lovendeghem.
       (*Flandre orientale.*)

Un bâti de métier à tisser la toile.

Nº 158. — M. GUIBAL, THÉOPHILE, à Mons.
(Hainaut.)

Une machine à vapeur rotative accouplée, marchant à haute pression, avec détente, sans condensateur.

Nº 159. — M. GÉRARD, DIEUDONNÉ, à Huy.
(Liége.)

Une pompe pour le service des mines.

Nº 160. — Mᵐᵉ Vᵉ CHAUVIÈRE, à Gand.
(Flandre orientale.)

Rota-frotteur pour filatures de coton.

Nº 161. — M. BOTY, ALEXANDRE, à Wasmes.
(Hainaut.)

a-c. Trois lampes de mineur, de différents modèles.

Nº 162. — M. DEFUISSEAUX, NICOLAS, à Mons.
(Hainaut.)

a.   Quatre échantillons de schiste et de grès, prove-
      venant d'un gisement récemment découvert
      dans la commune de Rouvroy, à deux lieues
      de Mons.
b.   Des rognons de malachite, d'azurite, et de phi-
      lipsite, provenant du même gisement.
c.   Parcelles de cuivre cristallisé, provenant des mi-
      nerais de Rouvroy.
d-e. Six lingots de cuivre et un lingot de laiton, ob-
      tenus par une première fusion du cuivre cris-
      tallisé, mentionné au précédent numéro.
f.   Un morceau du même laiton, tourné et poli.

Nº 163. — M. VANDEWEGHE, Hubert, à Gand.
(*Flandre orientale.*)

a.   Un calorifère, à feu ouvert.
c-d.   Trois calorifères, à feu fermé.
e.   Un poêle à feu ouvert, avec ornements.

Nº 164. — M. DECLERCQ, frères, à Gand.
(*Flandre orientale.*)

Six peignes à tisser, pour toile, batiste, mousseline et
     soie.

Nº 165. — M. PETIT, Charles, à Mons.
(*Hainaut.*)

a.   Un assortiment de soixante et seize échantillons
     de-pipes.
b.   Un autre assortiment de cent quatre-vingt-onze
     échantillons de pipes.

Nº 166. — M. CROWET, Vincent, à Rance.
(*Hainaut.*)

a-e.   Cinq paires de sabots vernis.

Nº 167. — M. LAMBERT, M.-G., à Mons.
(*Hainaut.*)

Une boussole de mineur, à niveau constant.

Nº 168. — M. ÉTIENNE, Denis, à Ronquières.
(*Hainaut.*)

a-b.   Deux pièces de batiste.
c.   Trois paquets de fil de mulquinerie.
d.   Un paquet de fil à dentelle, en lin blanc.

N° 169. — M. STANUS, Joseph, taillandier, à Leuze.
(*Hainaut.*)

a-e. Cinq planes de tonnelier, charron et sabotier.
f. Une tarelle ou tarière de sabotier.
g. Deux couteaux de sabotier.

N° 170.—M. DEWEWEIRNE, J., teinturier-imprimeur,
à Gand.
(*Flandre orientale.*)

a. Un coupon de quatorze mouchoirs, sept quarts,
en quatre couleurs par la cuve d'indigo.
b. Trois coupons de mouchoirs, six quarts, à cinq
couleurs par la cuve d'indigo.
c. Un coupon de quatorze mouchoirs, sept quarts,
à cinq couleurs par la cuve d'indigo.

N° 171. — M. HUYAUX-DIVRY, à Macon.
(*Hainaut.*)

a. Sept paires de bas de laine, gris et noirs.
b. Trois écheveaux de laine filée, retordue à quatre
fils.
c. Un écheveau de laine, fil poivre et sel, en trois
bouts.

N° 172. — M. ANNOOT-BRAECKMAN, à Gand.
(*Flandre orientale.*)

a. Caractères d'imprimerie.
b-p. Quatorze ouvrages imprimés.
q. Un tableau représentant la généalogie de la fa-
mille Elzevier.

N° 173. — M. LEXIN, Charles, à Mons.
(*Hainaut.*)

Un habit de drap, doublé de satin.

Nº 174. — M. OLIVIER, Jean-Baptiste, à Marcq.
(Hainaut.)

a.   Une balance à bascule, avec deux poids et un niveau.

b.   Quatre marteaux en acier fondu, servant à battre les meules de moulins à farine.

Nº 175. — M. PAUL, Célestin, à Soignies.
(Hainaut.)

Un vase en pierre de taille, ciselé, pour fleurs.

Nº 176. — M. MOLL, David, à Gosselies.
(Hainaut.)

a-b.   Casseroles et plats à rôtir, en fonte,
c-e.   Id.   en fer battu.

Nº 177. — M. BOCH, frères, à Saint-Vaast.
(Hainaut.)

a-u.   Faïence en terre anglaise : services de table, services à thé, à café, de dessert, de toilette ; paniers à fruits, plateau à pots de fleurs, porte-cigares, bougeoirs, jattes, tasses, assiettes, vases, chandeliers, etc.

v.   Objets en terre : jattes, pots à fleurs, paniers, lustres, etc.

w.   Objets en grès : paniers à fruits, vases, pots, bols, lustres, etc.

Nº 178. — M. DRABBE, Pierre, à Molenbeek-Saint-Jean.
(Brabant.)

Une balance, à bascule carrée.

Nᵒ 179. — M. PLUMAT, EMMANUEL, à Cuesmes.
(Hainaut.)

Modèle d'échelle pour les bures d'extraction de la houille.

Nᵒ 180. — M. CAMBIER, NICOLAS, à Morlanwelz.
(Hainaut.)

Un assortiment de chevilles en fer et de chevilles en cuivre.

Nᵒ 181. — M. JONNIAUX, ZACHARIE, à Thumaide.
(Hainaut.)

Une douzaine de tuiles carrées, nouveau modèle, breveté.

Nᵒ 182. — M. DUGNOLLE-CAULIER, à Leuze.
(Hainaut.)

a-d. Dix douzaines et demie de paires de bas tricotés.

Nᵒ 183. — M. VANHOVE, SYLVESTRE, à Saint-Pierre-Capelle.
(Hainaut.)

Christ sculpté en bois.

Nᵒ 184. — M. BOUCHER, THÉOPHILE, à Baudour.
(Hainaut.)

a. Briques réfractaires, pour foyer de chaudières, four à coke, etc.

b-g. Briques réfractaires de qualité supérieure, grosses briques, grand carreau, support, brique de voûte et pannette pour voûte.

Nᵒ 185. — M. BEVERNAEGE, JEAN, à Gand.
(Flandre orientale.)

a-c. Lithographies.

N° 186. — M. DEKEGHEL, Jacques, à Gand.
(*Flandre orientale.*)

a.   Un appareil à distiller, en étain, de petite dimension, à l'usage des pharmaciens.

b.   Un vase en étain pour chaise percée, inodore.

N° 187. — MM. COOPAL et C°, à Wetteren.
(*Flandre orientale.*)

a.   Salpêtre raffiné en cristaux.

b.   Salpêtre raffiné pulvérulent.

c-d.   Charbon distillé, en bâtons et en poudre.

e.   Charbon à la vapeur, en bâtons et en poudre.

N° 188. — M. HAEGENS, Charles, à Zèle.
(*Flandre orientale.*)

a-b.   Deux pièces de toile à voile.

N° 189. — M. CORNELIS VAN OVERLOOP, à Zèle.
(*Flandre orientale.*)

a-e.   Cinq pièces de toile à voile.

N° 190. — M. DERCHE, Vincent, à Gand.
(*Flandre orientale.*)

Bandes de basin dites *indéplissables*, à simples fes'ons
unis; id. à crêtes; id. brodées.

N° 191. — M. VANGEETERUYEN, Jean, à Hamme.
(*Flandre orientale.*)

Amidon raffiné.

N° 192. — M. PIETERS, Auguste, à Deynze.
(*Flandre orientale.*)

Une pièce de coutil.

Nº 195. — M. VANCAMP, Jean, à Gilles-Waes.
(*Flandre orientale.*)

a. Cuir de veau, ciré.
b. Cuir de veau, gris.
c. Cuir de vache.

Nº 194. — M. DEWILDE, Vespasien, à Gand.
(*Flandre orientale.*)

Vingt et une bobines, pour le filage du coton et du lin.

Nº 195. — M. WARD, John, à Gand.
(*Flandre orientale.*)

a-c. Trois peignes à sérancer.
d. Quatre petits peignes.

Nº 196. — M. DESOMER, Philippe, à Gand.
(*Flandre orientale.*)

a. Trois corbeilles en fil de fer.
b. Dix-neuf paniers à fleurs, en fil de fer et fil de cuivre.

Nº 197. — Mˡˡᵉ PIERARD, Hyacinthe, à Bruxelles.
(*Brabant*)

a-b. Deux corsets.

Nº 198. — M. DUVIVIER, Joseph, à Gand.
(*Flandre orientale.*)

a-b. Une cafetière et quatre robinets, en composition.
c. Cinq numéros, papier verré.
d. Cinq numéros, papier émérillé.

Nº 199. — M. VANDEVELDE, Norbert, à Gand.
(*Flandre orientale.*)

a. Un saccharomètre centésimal de poche, et un thermomètre, avec poids additionnels décimaux.

b.　Presse à boucher les flacons de vin de champagne
　　　et les flacons d'eaux gazeuzes, minérales, etc.
c.　Modèle de roue hydraulique, à palettes mobiles,
　　　propre à prévenir le chômage des moulins
　　　pendant les fortes eaux.

N° 200. — MM. MAENHOUT, B.-L., et frères, à Gand.
(*Flandre orientale.*)

　　　Ouvrages en fer ciselé :
a.　Un couvercle de poêle avec corniche ;
b.　Une base de colonne corinthienne ;
c.　Une moulure, avec corniche, pour étuve braban-
　　　çonne ;
d.　Une corniche de poêle ;
e.　Une gorge d'étuve avec corniche ;
f.　Frises en fer et en cuivre, bandes travaillées à
　　　jour et boutons tournés.

N° 201. — M. DEHEMPTINNE, F., à Gand.
(*Flandre orientale*)

a.　Vingt pièces de mousseline imprimée.
b.　Onze id. de jaconas imprimé.
c.　Vingt-neuf, id. d'indienne et meubles perses.
d.　Neuf coupons de cravates et de mouchoirs im-
　　　primés.
e.　Échantillons de coton, filé en fuseaux, des n° 27,
　　　30, 36, 40 et 50 chaîne, et des n.° 24, 26 et 54
　　　trame.
f.　Onze paquets des n° 27, 30, 36, 40 et 50, chaîne
　　　Mull Jenny ; des n° 26, 30, 36, 40 et 50 chaîne
　　　continue ; des n° 24, 26 et 54, trame Mull
　　　Jenny.
g.　Trois chaînes collées, des n° 26, 36 et 50, d'après
　　　le système anglais pour tissage à la main.

h-j. Deux coupons de mouchoirs de coton imprimé.

No 202. — M. VANDALSUM, Philippe, à Gand.
(*Flandre orientale.*)

Sept taquets pour le tissage du coton à la mécanique.

No 203. — M. HULPIAU, Louis, à Gand.
(*Flandre orientale.*)

a. Un album relié en maroquin du Levant.
b-c. Deux ouvrages demi-reliure, l'un en maroquin
du Levant, l'autre en veau.

No 204. — M. HYE, Félix, à Gand.
(*Flandre orientale.*)

a. Un tableau ciselé, en platine, représentant la
Descente de la croix.
b. Un tableau ciselé, en platine, représentant l'Invention de la croix.

No 205. — M. ONDEREET, Charles, à Gand.
(*Flandre orientale.*)

Un volume relié en maroquin mosaïque, dorures à filets,
gardes en satin.

No 206. — M. DEROO, Louis, à Gand.
(*Flandre orientale.*)

a. Colle forte.
b. Colle de Malines, fabriquée avec des rognures
sauvages.
c. Colle de Malines, fabriquée avec des rognures
indigènes.

No 207. — M. NOLLET, Charles, à Gand.
(*Flandre orientale.*)

Une montre-contrôleur.

N° 208. — M. SEGHERS, B., à Gand.
(Flandre orientale.)

Quatre échantillons de noir animal.

N° 209. — ROELS, François, à Gand.
(Flandre orientale.)

Quatre navettes de nouveau genre, dont une pour le tissage du lin, une pour le tissage de la toile, et deux pour le tissage du coton.

N° 210. — M. VANDRIESSCHE, Séraphin, à Zèle.
(Flandre orientale.)

Un demi kilogramme de lin peigné.

N° 211. — LEROY, François, à Bruxelles.
(Brabant.)

a.   Blanc de dentelle.
b.   Blanc de théâtre.

N° 212. — M. JACQMAIN, Gustave, à Gand.
(Flandre orientale.)

a-b.   Adresses lithographiées, et initiales ornées.

N° 213. — LA SOCIÉTÉ DE LA LYS (M. Morel, directeur), à Gand.
(Flandre orientale.)

a-b.   Douze paquets de fil d'étoupe, n° 18, 20, 28, 40, 50, 55, 65, 70, 80, 90 et 100.
m-gg.   Vingt et un paquets fil de lin, n° 35, 40, 50, 60, 70, 80, 90, 100, 110, 120, 140, 150, 160, 180.

N° 214. — M. DE BRENDER, Jean, à Bruxelles.
(Brabant.)

a-b.   Deux corsets.

Nº 215. — M. DEWAELE-VANDENBOSSCHE, à Gand.
(Flandre orientale.)

a-r. Dix-huit pièces de cotonnette.
s-u. Trois   id.   batiste écossaise.
v-w. Deux   id.   id.
x.   Une   id. de cotonnette façonnée.

Nº 216. — M. HESNAULT. Auguste, et frère, à Gand.
(Flandre orientale.)

a. Cinq douzaines de peaux de lapin.
b. Une peau de lapin, noir angora.
c. Une douzaine de peaux de chat, teintes en noir.
d. Deux peaux de chien tigrées, teintes.
e. Deux douzaines de peaux de lapin, rasées, teintes.
f. Deux douzaines de peaux, tissées et teintes.

Nº 217. — M. DELORGE, Gérard, à Gand.
(Flandre orientale.)

Une serrure de coffre-fort.

Nº 218. — M. VANNESTE, Antoine, à St.-Nicolas.
(Flandre orientale.)

Un peigne à tisser.

Nº 219. — Mlle BEX, Catharina, à St.-Nicolas.
(Flandre orientale.)

a-b. Étoffes de laine pour gilets.

Nº 220. — Mlle BULLENS, Jeannette, à Molenbeek-Saint-Jean.
(Brabant.)

a-b. Deux paysages; ouvrages à l'aiguille.

Nº 221. — M. MEERT-MOENS, à Alost.
(*Flandre orientale.*)

a-b. Deux pièces de toile damassée, à la Jacquart.
c. Une pièce de toile damassée, système ordinaire.
d. Une   id.   id.   à la Jacquart.

Nº 222. — M. DEBEHAULT-DUCARMOIS, Auguste,
à Termonde.
(*Flandre orientale.*)

a-b. Deux couvertures de coton écru.
c. Une   id   de coton, blanchie.
d. Une   id.   de coton imprimé.

Nº 223. — M. PHILIPS, Meyer, à Bruxelles.
(*Brabant.*)

a. Chaussettes en fil à dentelle.
b. Un caleçon à corset, en coton.

Nº 224.—SOCIÉTÉ DE L'ESPÉRANCE (DES HAUTS
FOURNEAUX), à Seraing.
(*Liége.*)

a. Six échantillons de fonte à canon, fonte de moulage, nº 3, fin métal; fonte d'affinage fer fort; fonte de moulage nºs 1, 2.
b. Fers à l'appui des dits échantillons.

Nº 225. — M. JANS, Guillaume, à Tongres.
(*Limbourg.*)

a. Un mélangeur ou agitateur, à l'usage des brasseries et distilleries.
b. Une machine à râper le tabac.

N° 226. — M. BRUNIN-LABINIAU, à Bruxelles.
(*Brabant.*)

Bas élastiques, genouillères, corsets en caoutchouc, re-couverts en coton, fil et soie, servant de bandages pour varices, etc.

N° 227. — M. JASTRZEBSKI, FÉLIX, à Bruxelles.
(*Brabant.*)

a.   Un piano à queue.
b-f.   Cinq pianos à buffet.

N° 228. — M. MASCRÉ, JULIEN, J.-J., à Bruxelles.
(*Brabant.*)

a.   Un grand-livre imprimé.
b.   Une gravure sur pierre.
c.   Cartes d'adresse et de visite.

N° 229. — M. DESOMBRETS, CONSTANTIN, à Molen-beek-Saint-Jean.
(*Brabant.*)

Modèle de remorqueur mû par la force des pieds et des jarrets.

N° 230. — M. VANCOSTENOBLE aîné, PIERRE, à Courtray.
(*Flandre occidentale.*)

a-c.   Fil de lin, dit fil de Lille; fil de lin de tailleur; fil demi-soie; fil blanc à tricoter.

N° 231. — M. STAES, JEAN-BAPTISTE, à Louvain.
(*Brabant.*)

a.   Deux pièces de coton, 2,000, bleu ordinaire foncé, sans apprêt et sans calandre.

b. Six pièces de shirting bleu, sans apprêt et sans calandre.

c. Quatre pièces de toile bleue calandrées.

d. Quatre pièces de calicot bleu, 2,400, avec apprêt et calandre.

N° 232. — M. DEWIT, Antoine, à Bruxelles.
(*Brabant.*)

a-b. Deux jalousies

N° 233. — M. DERYCKERE, Édouard, à Courtray.
(*Flandre occidentale.*)

Trente-trois pièces de poterie.

N° 234. — M. VERHEYEN, P.-J., à Turnhout.
(*Anvers.*)

a. Seize pièces de coutil, fil de diverses lessives.

b. Sept id. de toile bleue, blanche, écrue, etc.

c. Neuf id. damassées, pour pantalon, matelas, etc.

d. Quatre pièces de nappes, pur fil.

e. Id. id. de serviettes.

f. Trois id. d'essuie-mains.

g. Id. id. nommées friesbant, chaîne, coton et fil.

h. Une pièce de tissu, dit kuypers catoen, argentine.

i. Deux id. de mouchoirs blancs, pur fil.

j. Une id. dite double stoelmat.

k. Quatre pièces de dentelle, fond de Malines, en fil de coton.

N° 235. — MM. PASTOR-BERTRAND et C°, à Andenne.
(*Namur.*)

a. Deux moufles réfractaires de 1 mètre 28 centi-

mètres de longueur; fabrication du zinc par le
système silésien.

b.   Deux briques réfractaires, étalage et briques de la
mise sur champ du revêtement intérieur de
hauts fourneaux de fusion au coke.

c.   Deux creusets réfractaires pour la fabrication du
zinc, méthode liégeoise.

d.   Quatre briques réfractaires de forme et fabrication ordinaires, pâte C.

e.   Trois échantillons réfractaires, bruts, poudingue
blanc, pour creusets de hauts fourneaux, et ar-
gile ferte de première qualité, gisement de
Tahier.

N° 236. — MM. LEMAIEUR-DETIGE et Cᵉ, à Bruxelles,
(Brabant.)

a.   Franges en coton blanc, teint, laine, laine et soie,
soie, fil, etc.

b.   Crêtes en coton, laine, laine et soie, soie, soie et
or, ou argent.

c.-g. Glands en coton, laine, laine et soie; câbles en
coton, laine, laine et soie; torsades; coins de
coussins; cordons; cordonnets.

h.   Élastiques à attaches pour sommiers, fauteuils, etc., en fil de fer.

N° 237. — M. JEGER fils, JACQUES, à Namur.
(Namur.)

a-i.   Figures et sujets divers en plâtre, bronzés par le
procédé galvano-plastique.

j.   Figures en terre cuite, bronzées par le même
procédé.

k.   Médaillon en fer ciselé en 1617, bronzé par le
même procédé.

*5

Nº 238. — M. JESLEIN, JEAN-BAPTISTE, à Bruxelles.
(*Brabant.*)

Un grand-livre, reliure à dos élastique.

Nº 239. — M. GILSON, JACQUES à Bruxelles.
(*Brabant.*)

Une presse mécanique à rogner le papier.

Nº 240. — MM. ALEXANDER et Cᵉ, à Mozet.
(*Namur.*)

a.   Un assortiment de laine à tricoter.
b.   Une collection d'objets en bois tourné, à l'usage
      des filatures de lin, de coton, etc.

Nº 241. — M. GUILLERY, ÉTIENNE, à Bruxelles.
(*Brabant.*)

Nouveau modèle de canon.

Nº 242. — M. BRIAUT, JEAN, à Nivelles.
(*Brabant.*)

a.-j.   Dix cordes en écorce de tilleul et en chanvre.

Nº 243. — M. REUSSE, HIPPOLYTE, à Gand.
(*Flandre orientale.*)

a.   Dix lampes à suspension, de différents systèmes.
b.   Trois branches pour éclairage au gaz.
c.   Onze lampes solaires.
d.   Une lampe, nouveau système, sans cric ni robi-
      net.
e.   Trente-quatre lampes, de différents modèles.
f.   Six veilleuses.
g.   Quatre lanternes d'écurie.
h.   Deux becs de gaz.

N° 244. — M. BECQUET, Ernest, à Namur.
(*Namur.*)

Douze échantillons de céruse.

N° 245. — MM. JOBARD-LION et LION, Alexandre, à Dinant. (*Namur.*)

Neuf tablettes de colle forte.

N° 246. — SOCIÉTÉ DE VEDRIN, à St-Marc.
(*Namur.*)

a.   Échantillons de sulfate de fer, sulfate de soude, sel de soude et cristaux de soude.
b.   Un bocal d'acide sulfurique.
c.   Quatre échantillons d'ocre rouge, d'ocre jaune, de peroxyde de fer, et de potée à polir les glaces.

N° 247. — M. HENRY, P., à Dinant.
(*Namur.*)

a.   Cartons.
b.   Papier cartier.

N° 248. — M. FAIGNOT, Théodore, à Namur.
(*Namur.*)

a.   Un chauffe-plat en fer-blanc servant de coffre à rôtir.
b.   Une lampe.

N° 249. — M. MAIBE, Hugues-Paul, à Chaumont.
(*Namur.*)

a-d.   Quatre barres de fer forgé.
e-h.   Quatre barres de fer battu.

N°, 250. — MM. RICHE et C°, à Thy-le-Château.
(*Namur.*)

a. Trois échantillons fonte d'affinage, au coke.
b. Trois échantillons de fonte de moulage, id.
c. Coussinets double et simple.
d. Rails.
e. Divers échantillons de fer rond.

N° 251. — M. DANSAERT, Michel, à Bruxelles.
(*Brabant.*)

Une voiture à deux roues dite T.

N° 252. — M. CLAES, Gérard, à Malines.
(*Anvers.*)

a-c. Deux perruques ; et un faux toupet.

N° 253. — M. JOBART-DEMPTYNNES, Antoine,
à Dinant.
(*Namur.*)

a. Un cuir de Buenos-Ayres.
b. Un id. Rio-Grande.
c. Un cuir de Fernambouc.
d. Un id. Montevideo, salé vert.
e. Un id. du pays (Ardennes), id.

N° 254. — BAUCHAU DE BARRÉ, à Namur.
(*Namur.*)

a. Un cuir de Buenos-Ayres, à l'usage des machines
à vapeur et des pompes.
b. Un cuir de Buenos-Ayres pour semelle.

N° 255. — M. JOBART-LION, Jules, à Dinant.
(*Namur.*)

a. Quatre cuirs de Buenos-Ayres.
b. Un cuir du pays.

N° 256. — M. VANDERHAEGEN-VAN OVER-
    LOOP, J.-B., à Saint-Gilles.
(Brabant.)

a.   Un demi-châle en application de Bruxelles, genre
    gothique.
b.   Une écharpe en application de Bruxelles, genre
    Louis XIII.

N° 257. — MM. VANSCHOUBROEK et GÉRARDI,
    à Herenthals.
(Anvers.)

a.   Une pièce de drap blanc, 8/4.
b-e.   Quatre pièces de flanelle ou demi-baye, de diverses
    couleurs, 5/4.
f-n.   Huit pièces baye de diverses couleurs.
o-u.   Sept pièces carsaie, 5/4.

N° 258. — M. LANDOIS, Auguste, à Bruxelles.
(Brabant.)

a.   Deux pièces d'étoffe de laine, dite *sécheur.*
b.   Id.   » *montant.*
c.   Deux pièces d'étoffe de laine, dite *coucheur.*
d.   Id.   » *manchon.*
e.   Id.   pour rouleaux d'im-
        primerie d'indienne.
f.   Id.   pour rouleaux de fa-
        bricants de coton.
g.   Deux paires de pantoufles en feutre.
h.   Deux pièces de couvertures de laine.

N° 259. — M. DIERCKSENS, J., à Herenthals.
(Anvers.)

a-g.   Sept pièces de flanelle.

h-i. Deux pièces baye blanche.

j-l. Trois pièces carsaie, de différentes qualités, 5/4.

m-q. Cinq pièces baye, de diverses couleurs et qualités.

r-t. Trois pièces Duffel 8/4, teintes en laine.

u-v. Deux pièces castorine 8/4.

w. Une pièce drap de cylindre, pour fabriques.

N° 260. — M. NASAIRE-STREULENS, à Grammont.
(Brabant.)

a-e. Oiseaux, fleurs, papillons, etc., en sucre.

N° 261.—Mme MORTGAT, ALIDA, Épse Vidal, à Bruxelles.
(Brabant.)

a-b. Deux corsets.

N° 262. — M. J. P. MATHYS-DECLERCQ, à Bruxelles.
(Brabant.)

a-c. Trois poêles, l'un en cuivre, les deux autres en tôle.

d. Un fourneau dit *cuisinière*, à tourne-broche, réservoir à l'eau chaude, armoire chaude, four à rôtir sur gril, et four à pâtisserie.

e-f. Deux pompes, l'une double, l'autre simple, avec bac en fonte, d'un seul bloc.

g-h. Deux coffres-forts, à l'épreuve de l'incendie, l'un en forme d'armoire à glaces, l'autre en forme de secrétaire.

j. Un réchaud avec fers à repasser le linge.

N° 265. — USINE DE MARCHE-LES-DAMES, à S. A. S. le DUC D'ARENBERG; Directeur, M. FABRE, AUGUSTE, à Marche-les-Dames.
(Namur.)

a. Six échantillons de fonte, diverses qualités.

b.   Six barres fer fort.

c.   Deux barres fer cavalier.

d.   Seize barres fer de bandages.

e.   Deux barres à canon.

f.   Deux brames fer fort.

g.   Cinq essieux, avec boite.

h.   Quatre barres de fer à fendre.

i-v.   Chaudières à bouton, chaudrons, pôts à la mode, casseroles, hadrais, poêlons, marmites, bacs à charbon, lampes de nuit avec garde-vue, coquemars, cheminées de salon, poêles, fers à gaufres et statuettes, tous objets en fonte.

N° 264. — M. BERNUS, Louis, à Charleroy.
(Hainaut.)

a.   Une pompe à incendie, avec bac, corps et récipient en fonte.

b.   Un canapé en fonte.

c.   Deux moyeux en fonte avec essieux en bois, sans frottement (nouveau système).

d-f.   Trois bacs à charbon, deux cheminées et une statuette de cheval, en fonte.

g.   Quinze casseroles en fonte émaillée.

h.   Dix   id.   en fonte brute.

j-o.   Cafetières, gratte-pieds, ventilateurs pour plafonds, récipient d'égout, petite grille d'aérage, bordures de corbeille pour jardin, tous objets en fonte.

p.   Un poêle économique en fonte.

N° 265. — M. LEMIELLE, Théodore, à Liége.
(Liége.)

a.   Un niveau d'eau pour chaudières et locomotives.

b-e.   Quatre flotteurs d'alarme pour chaudières de locomotives.

N° 266. — M. AMAND, Joseph, à Erneton.
(*Namur.*)

a.   Treize barres de fer, plates.
b-d.   Cinq barres de fer carrées, une id. octogone,
une id. ronde.
e.   Trois pièces de fer pour charrue.

N° 267. — M. le baron DE ROSÉE, Adolphe,
à Anthée.
(*Namur.*)

a.   Un morceau de fonte, au charbon de bois.
b.   Cinq barres de fer, pour bandages de roues.
c.   Deux barres de fer de huit centimètres de largeur pour fendre en verges.

N° 268. — Mᵐᵉ Vᵉ LOTTIN, à Somzée.
(*Namur.*)

a-b.   Deux pièces de fer octogones, l'une pour essieu
de waggon, l'autre pour battre la mine.
c.   Une barre de 10 1/2 centimètres, pour bandage de
roue.
d.   Deux barres plates pour fer de taillanderie.

N° 269. — MM. KENNIS et VAN MECHELEN,
à Louvain.
(*Brabant.*)

Un assortiment de cinquante-quatre produits chimiques.

N° 270. — M. ODEURS, Jean, à Marlinne.
(*Limbourg.*)

a-c.   Trois charrues.

d.　Une charrue destinée principalement aux terrains montagneux.

N° 271. — M. WEROTTE, Alexandre, à Ixelles.
(*Brabant.*)

a.　Une charrue à pied et manche mobiles.
b.　Un modèle de herse-rouleau.
c.　Un id. de plantoir à ailerons.

N° 272. — M. ROMEDENNE, Antoine, à Erpent.
(*Namur.*)

a.　Une charrue, à l'usage des jardiniers et des petits cultivateurs.
b.　Un binoir de nouvelle invention.
c.　Un instrument aratoire, dit *Écobue.*

N° 273. — M. DUFOUR, Philippe, à Neufville.
(*Hainaut.*)

Une charrue à laquelle sont adaptés : 1° une râtissoire; 2° un rethier ou mécanisme à vis qui écarte à volonté la riette du sec; 5° un double nez de bœuf, destiné à faciliter l'attelage d'un ou de plusieurs chevaux.

N° 274. — MM. DESCY frères, à Ath.
(*Hainaut.*)

Un assortiment d'indiennes garancées, genre de Mulhausen, couleur d'enluminage, fixées par la vapeur, savoir.

a.　Dix pièces de différentes couleurs, dessins à soubassement.
b.　Huit pièces mi-fond.
c.　Trois pièces fond couvert.
d.　Douze pièces, dessins genre mousseline-laine.
e.　Vingt-deux pièces, dessins ombrés à soubassement.

f. Soixante-deux mouchoirs, genre Thibet, 6/4 carrés, fonds unis et parsemés, diversement garancés.

N° 275. — M. SIBILLE, JEAN-BAPTISTE, à Bruges.
(*Flandre occidentale.*)

a-b. Deux barriques de chicorée, l'une en paquets, l'autre en poudre.

N° 276. — M. FROTTEYN, AUGUSTIN, à Bruges.
(*Flandre occidentale.*)

a-b. Deux cordes.

N° 277. — M. VANGAEL, NICOLAS, à Bruxelles.
(*Brabant.*)

a-b. Deux poêles, l'un à feu ouvert, l'autre à feu fermé.

N° 278. — M. VANLIERDE, ANDRÉ, à Etterbeek.
(*Brabant.*)

a. Une cheminée en marbre blanc, genre moderne.
b. Id. id. renaissance.
c. Une croix en marbre blanc, id. gothique.

N° 279. — M. PARQUI, PIERRE, à Bruges.
(*Flandre occidentale.*)

a-c. Six chandeliers, une lampe d'église et deux girandoles, pour tabernacle; objets en étain.

N° 280. — M. MABESOONE-BOGAERT, FRANÇOIS, à Bruges.
(*Flandre occidentale.*)

Vermicelle blanc et jaune, macaroni, grains de riz, pâte d'Italie, pâte de lentilles, etc.

Nº 281. — M. DEGRAVE, Pierre, à Bruges.
(*Flandre occidentale.*)

a-b. — Deux caisses de savon.

Nº 282. — Mᵐᵉ GAREMYN, Marie, à Bruges.
(*Flandre occidentale.*)

Fleurs artificielles.

Nº 283. — Mᵐᵉ Veuve DEGOBERT, à Bruxelles.
(*Brabant.*)

a-h. Lithographies.
j-k. Impressions lithographiques en couleur.

Nº 284. — M. DEMUNTER, Gaspard, à Bruxelles.
(*Brabant.*)

a. Une collection de figures géométriques en bois.
b. Quatorze figures cristallographiques en bois d'acajou.
c. Un péristyle en bois d'acajou.

Nº 285. — M. POLCKE, J., à Anderlecht.
(*Brabant.*)

Épingles ordinaires, façon et qualité anglaises; épingles
à coiffer, en fer laqué; agrafes et œillets argentés et
laqués.

Nº 286. — M. VANHOECKE, François, à Bruges.
(*Flandre occidentale.*)

Un poêle en fer battu, dit poêle économique, chauffé au
coke.

N° 287. — M. GELDHOF, Samuel, à Bruges.
(*Flandre occidentale.*)

Un peigne de tisserand, fin, 4,000 fils, pour faire de la toile de 1 mètre de largeur.

N° 288. — M. TERMOTE, Pierre, vicaire, directeur des métiers des pauvres, à Ardoye.
(*Flandre occidentale.*)

a.	Fil de batiste.
b.	Fil à dentelle, non préparé.
c-e.	Trois pièces de batiste écrue.
f-h.	Trois pièces de toile écrue.
i-m.	Quatre pièces toile blanche.
n-o.	Deux coupons batiste écrue.
p-q.	Deux pièces batiste blanchie.

N° 289. — MM. FONSON, frères, à Bruxelles.
(*Brabant.*)

a-b. Objets d'équipement militaire : casques, épées, sabres, boutons, gibernes, garnitures de coiffure, tambours, etc.

N° 290. — Mᵐᵉ SCHIRMER, Henriette, épouse Coche, à Bruxelles. (*Brabant.*)

Un mouchoir de batiste brodé.

N° 291. — M. VANDELAER, Paul, à Bruxelles,
(*Brabant.*)

a. Vingt-cinq échantillons de papiers peints, pour ameublement ; dorés, veloutés, satinés et mats, bordures veloutées, etc.
b. Papiers de fantaisie pour reliure et cartonnage, etc.

c-d.　Un rouleau de papier imperméable et quatre rouleaux papier-coutil.

N° 292. — M. DIDIET-MAYEUX, à Bruxelles.
(*Brabant.*)

a-b.　Fleurs artificielles.

N° 293. — JAMAR, ALEXANDRE, à Bruxelles.
(*Brabant.*)

a-j.　Neuf ouvrages imprimés : les Belges illustres, la Belgique monumentale, le catéchisme de Malines, lord Strafford, les Belges aux Croisades, les Voyageurs Belges, l'Histoire des comtes de Flandre, les Mœurs, Usages et Coutumes des Belges, les Communes belges.

N° 294. — M. LIBOTTON, ADOLPHE, à Bruxelles.
(*Brabant.*)

a-b.　Deux cheminées en marbre statuaire, l'une à figurines, l'autre à pilastres.
c.　Une id. en griotte indigène, à pilastres.
d.　Une id. en marbre noir, à consoles.

N° 295. — M. BERNAERT, JACQUES, à Bruges.
(*Flandre occidentale.*)

a-b.　Deux chaises, bois de cerisier.

N° 296. — M. JANSSENS, JACQUES, à Bruxelles.
(*Brabant.*)

a-f.　Six malles.
g.　Ressorts servant à fixer les chapeaux de dames dans les malles.

N° 297.— M. SABOT, Jean, à Bruges.
(Flandre occidentale.)

a-b. Bottes et bottines.

N° 298.—M. FONTEYNE, Jules, à Bruges.
(Flandre occidentale.)

a-h. Huit pièces de cuir.

N° 299.—ÉCOLE MANUFACTURIÈRE DE PITTHEM.
Directeur, M. PAREIT, à Pitthem.
(Flandre occidentale.)

a. Une pièce de batiste écrue pour mouchoirs.
b. Une   id.   blanchie.
c. Six écheveaux de fil.

N° 300. — M. DE BEIR, Bernard, à Bruges.
(Flandre occidentale.)

a-g. Toile à carreaux.

N° 301. — M. DERAS, Jean, à Bruges.
(Flandre occidentale.)

a-c. Formes de bottes et de bottines.

N° 302.—M. FOURNY, Jean-Baptiste, à Bruges.
(Flandre occidentale.)

Un filet en chanvre, doublé, en trois fils, pour la pêche au hareng.

N° 303. — M. CRESSART, Louis, à Bruxelles.
(Brabant.)

Dentures artificielles et dissections.

N° 304. — M. MAROT, Eugène, à Bruxelles.
(Brabant.)

a-d. Quatre parapluies.

N° 305. — M. VAN MIERLO, aîné, à Anvers.
(*Anvers.*)

a.   Machine à broyer le cacao.
b.   Mécanique à filer la ganse perlée, avec vingt-quatre fuseaux; la machine s'arrête quand un fil se rompt.
c.   Hachoir à trois couteaux pour paille.
d.   Appareil à broyer la céruse.
e.   Un appareil, dit compteur.
f.   Un moulin à café perfectionné.

N° 306. — M. LE LORAIN, AUGUSTE, à Bruxelles.
(*Brabant.*)

Une perruque.

N° 307. — Mᵐᵉ LAINGLET, à Bruxelles.
(*Brabant.*)

Un corset.

N° 308. — M. SEGHERS, LOUIS, à Bruxelles.
(*Brabant.*)

Seize échantillons de plomb de chasse.

N° 309. — M. DEBAUQUE, LOUIS, à Houdeng-Aimeries.
(*Hainaut.*)

a.   Six essieux en fer corroyé, pour voitures de roulage.
b.   Douze boîtes en fonte.
c.   Deux essieux en fer corroyé, pour tilbury.
d.   Trois essieux de voiture de chemin de fer.

N° 310. — M. STAELS, PIERRE, à Bruges.
(*Flandre occidentale.*)

a-b.   Deux pièces de toile à voiles nᵒˢ 2 et 3.

N° 511. — M. GAELENS, Louis, à Bruges
(*Flandre occidentale.*)

a-c.   Trois filtres en terre cuite.

N° 512. — M. GLATINY, Jean-Baptiste, à Viesville.
(*Hainaut.*)

Un assortiment de couteaux de table, de dessert, de cuisine et de poche, de poignards, de canifs et de serpes.

N° 313. — M. DE BRUYN, Lievin, à Anvers.
(*Anvers.*)

a-b.   Onze caisses de cigares.

N° 314. — M. DELLOYE-DAUTREBANDE, Ferdinand, à Huy.
(*Liége.*)

a-c.   Trois tôles polies ordinaires, dont deux au charbon de bois, et une au coke.

N° 315. — M. KELECOM-RONSE, à Gand.
(*Flandre orientale.*)

a.   Une roue pour voiture de chemin de fer.
b.   Une balance àbascule de la portée de 1,000 kilogrammes.
c.   Une balance à bascule de la portée de 50 kilogrammes.
d.   Un modèle de pont à bascule pour la pesée des locomotives et des voitures de chemin de fer.

N° 316. — M. PIERARD, Lambert, à Louvain.
(*Brabant.*)

Modèle d'une machine pour percer des trous dans les chaises et les pièces de charronnage.

N° 317. — JANMART, Charles, à Bruxelles.
(*Brabant.*)

Un modèle de poêle économique, avec chauffe-pieds, exécuté au quart de la grandeur du poêle.

N° 318. — M. MARLIER, Ernest, à Bruges.
(*Flandre occidentale.*)

a-c. Trois coupons de toile bleue.

N° 319. — M. BARTHOLOMÉE, L., à Liége.
(*Liége.*)

Deux clarinettes et une flûte.

N° 320. — ATELIERS DE CHARITÉ DE LA VILLE D'ANVERS.
(*Anvers.*)

a-h. Huit carpettes en laine veloutée.
i-j. Deux foyers de bourre.
k-s. Neuf tapis en laine veloutée.
t. Une bordure en laine veloutée.
u. Une nappe, fil de lin.
v-dd. Neuf paquets de cordes de différentes sortes.

N° 321. — Mᵐᵉ CHAMAROIS Alexandrine, épouse GIRARDIN, à Bruxelles.
(*Brabant.*)

a-d. Broderies en argent sur velours et sur drap.
c. Une coiffure en fleurs d'argent.
e. Fleurs artificielles.

N° 322. — M. BOEY, Jean-Baptiste, à Bruxelles.
(*Brabant.*)

a-b. Bibliothèque et table à ouvrage, en palissandre.

6

N° 323. — M. DEMOOR-MUYS, à Lokeren.
(Flandre orientale.)

a-b.   Deux pièces de toile de laine.
c-f.   Quatre pièces, gala plaids.
g-h.   Deux pièces de crêpe.
j.   Une pièce de guingance.
k-r.   Huit pièces de cotonnette.

N° 324. — M. DELLOYE, Hyacinthe, à Huy.
(Liége.)

a.   Vingt tôles, au charbon de bois.
b.   Sept tôles polies.
c.   Feuilles de zinc laminé, n° 6, destinées au sati-
       nage du papier,
d.   Feuilles de fer noir, format français.
e.   Feuilles de fer blanc, format anglais.
f.   Huit tôles de différentes dimensions.

N° 325. — M. LAMBOUR, Antoine, à Bruxelles.
(Brabant.)

a.   Un lit en fer, pour malade.
b.   Une presse lithographique en fer.
c.   Un indicateur remplaçant les sonnettes.

N° 326. — M. LACAMBRE, Georges, à Saint-Josse-
ten-Noode.
(Brabant.)

Un appareil de chauffage à l'eau et à la vapeur.

N° 327. — M. HOLBERECHTS, Pierre, à Molenbeek-
Saint-Jean.
(Brabant.)

Un poêle-colonne, en tôle.

Nᵒ 328. — M. TARDIF, Eugène, à Bruxelles.
(*Brabant.*)

a-b. Papier à lettres de fantaisie; enveloppes de lettres.

Nᵒ 329. — Mᵐᵉ VERHULST, Célestine, à Bruxelles.
(*Brabant.*)

Un corset.

Nᵒ 330. — M. BARBANSON, Prosper, à Bruxelles.
(*Brabant.*)

a-c. Trois échantillons de noir animal, en poudre et en pain.

d. Un échantillon de colle forte, fabriquée à la vapeur.

e. Un échantillon os en poudre, pour engrais.

Nᵒ 331. — M. LAGASSE, Laurent, à Liége.
(*Liége.*)

Quinze tuyaux en plomb, de différents diamètres, de 5 millimètres jusqu'à 13 centimètres.

Nᵒ 332. — M. LAHOUSSE, Marie, à Iseghem.
(*Flandre occidentale.*)

Un échantillon de fil de lin écru simple, filé à lamain.

Nᵒ 333. — Mᵐᵉ DEZONNE, Flore, à Bruxelles.
(*Brabant.*)

Un corset.

Nᵒ 334. — Mᵐᵉ GOMBERT, Annette, à Roulers.
(*Flandre occidentale.*)

Quarante pièces de petites dentelles, de différentes qualités.

N° 335. — M. VANDENBOSCH, François, à Bruxelles.
(*Brabant.*)

Six chapeaux en soie, pour homme.

N° 336. — M. DEHAERNE, Désiré, à Courtray.
(*Flandre occidentale.*)

Échantillons de dentelle dite de Valenciennes, en coton
non lavé et lavé, et un échantillon de fil de coton
double.

N° 337. — MM. FELHOEN, frères, à Courtray.
(*Flandre occidentale.*)

Vingt-six paquets de fil noir.

N. 338. — M. DEVOS, Pierre, à Heule.
(*Flandre occidentale.*)

a-c. Trois pièces de toile blanche filée à la main, l'une
de 5,000, l'autre de 6,000 fils à la chaîne.

d-f. Trois pièces de mouchoirs de batiste filée à la
main.

g-h. Deux pièces de batiste unie.

N 339. — M. BACKELANDS, François, à Heule.
(*Flandre occidentale.*)

a-b. Deux pièces de toile écrue, filée à la main, l'une
de 5,200, l'autre de 5,000 fils.

N° 340. — M. JANSSENS-VERCRUYSSE, à Courtray.
(*Flandre occidentale.*)

Une pièce de toile blanche, cinq quarts et demi.

N° 341. — M. MONTHUY, Albert, à Bruxelles.
(*Brabant.*)

Une courroie à l'usage des machines à vapeur.

N° 342. — M. VAN GHELUWE-RODENBACH, à Roulers.
(*Flandre occidentale.*)

a-w. Sept pièces de siamoise, neuf id. de cotonnette, une id. de molleton, une id. de toile à matelas, deux id. de flanelle, une id. de toile de lin écrue.

N° 343. — M. ROMMEL, Yves, à Rumbeke.
(*Flandre occidentale.*)

a-b. Deux pièces de toile de lin écrue.

N° 344. — Mlle PAREIT, Adélaïde, à Moorseele.
(*Flandre occidentale.*)

Cinq échantillons de fil de lin écru, simple et de mulquinerie.

N° 345. — M. ARNOULD-RAYMOND, à Namur.
(*Namur.*)

a-s. Couteaux de table, de dessert et de poche, sabres, briquets, catalans, poignards, serpettes, canifs et rasoirs.

N° 346. — M. HANICQ, P. J., à Malines.
(*Anvers.*)

Vingt-huit livres de piété, et une série de propres pour missels et bréviaires.

N° 347. — M. DEROUBAIX, Gilbert, à Ixelles.
(*Brabant.*)

Cire blanche et bougies.

N° 548. — M. PRÉVOST-BROUILLET, Paul, à Etterbeek.
(Brabant.)

Assortiment de jarretières, bracelets, manchettes, ceintures, bretelles, etc.

N° 349. — M. SEVEREYNS, Guillaume, à Bruxelles.
(Brabant.)

a.   Un recueil de dessins, lithographiés et enluminés, extrait des Mémoires de l'Académie royale des sciences et belles-lettres.

b-c.   Lithographies enluminées.

N° 550. — M. WINAND, Louis, à Andenne.
(Namur.)

a.   Deux vases, style renaissance, porcelaine fine.

b-c.   Cinq paires de cornets et un service à café, en porcelaine.

N° 551. — M. POUILLON, François, à Namur.
(Namur.)

a-b.   Deux bridons à poulie, l'un pour cheval de selle, l'autre pour cheval de carrosse.

N° 552. — M. DELDIME-HAUT, Donat, à Namur.
(Namur.)

Une carte de vis à bois.

N° 553. — M. MATHIEUX, Ferdinand, à Dinant.
(Namur.)

a-b.   Cartes à jouer, et papier employé à la fabrication des cartes à jouer.

N° 354. — M. WESMAEL-LEGROS, Adolphe, à Namur.
(*Namur.*)

Un Missel romain.

N° 355. — M. le baron DE BLONDEL, à Bruly.
(*Namur.*)

a-c. Trois échantillons d'ardoises.

N° 356. — M. WAGENER, Amand, à Gimnée.
(*Namur.*)

Une filière à bois.

N° 357. — M PUFFET, J.-B., à Ciney.
(*Namur.*)

Une faux.

N° 358. — M. POUSSEUR, Hubert, à Ciney.
(*Namur.*)

a-b. Une faux et une faucille

N° 359. — PETITJEAN-ROGISSART, Jules, à Sugny.
Luxembourg.)

a-d. Deux haches, une serpe et une plane.

N° 360. — M. SPELLEMAEKERS, Jean-Baptiste,
à Ingelmunster.
(*Flandre occidentale.*)

Deux tables.

N° 361. — M. DAVELUY-DELHOUNGNE, Édouard,
à Bruges.
(*Flandre occidentale.*)

a. Armoiries, en cromo-lithographie.

b.   Deux jeux de cartes.

c.   Diverses lithographies.

d.   Lithographie représentant les vitraux de la chapelle du Saint-Sang.

e.   Une boîte contenant trois qualités de cartons
glacés.

f.   Deux douzaines de jeux de cartes.

N° 362. — M. REYNAERT, Jean, à Bruges.
(*Flandre occidentale.*)

a-b.   Une paire de timbales.

N° 363. — M. JANMART, Richard, à Bruxelles.
(*Brabant.*)

Un pare-étincelles de cheminée.

N° 364. — M. VANWAEFELGHEM, Louis, à Bruges.
(*Flandre occidentale.*)

Une table de salon, avec incrustations.

N° 365. — M. DEFOORT, Jean-Baptiste, à Bruges.
(*Flandre occidentale.*)

a-c.   Trois pièces de toile.

N° 366. — M. VINCKE, Florimond, à Bruges.
(*Flandre occidentale.*)

Un berceau en osier.

N° 367. — M. JOYE, Joseph, à Bruges.
(*Flandre occidentale.*)

Un flambeau, six cierges et un paquet de bougies.

N° 368. — M. BOETMAN-DEVOS, Auguste, à Bruges.
(*Flandre occidentale.*)

a-b.   Un berceau et un panier en osier.

Nº 569. — M. DEBROUWER, Émile, à Ostende.
(*Flandre occidentale.*)

a-m.   Bouchons et semelles de liége.

Nº 570. — M. VANDRIS-FREMIAU, à Tournay.
(*Hainaut.*)

Cinquante-neuf paquets de laine filée; savoir :
a.   Trente et un paquets, laine anglaise.
b.   Vingt-huit   id.,   indigène.
c.   Trente et un échantillons de laine, de différentes
     nuances.

Nº 571. — M. VANESSCHEN, Napoléon, à Molenbeek-St.-Jean.
(*Brabant.*)

a.   Nouveau système de grue simplifiée.
b.   Vis de secours, servant à remédier au déraille-
     ment des locomotives.

Nº 572. — M. POISSON, Jules, à Saint-Josse-ten-Noode.
(*Brabant.*)

Feuilles d'étain :
a.   Une feuille pour l'étamage des glaces.
b.   Quatre feuilles servant de préservatif contre l'hu-
     midité.
c-d. Feuilles pour enveloppes.

Nº 573. — Mlles VANKIEL sœurs, à Malines.
(*Anvers.*)

a-b. Une toilette, une écharpe et autres pièces en
     dentelle de Malines.

N° 374. — MM. VRIÉNS frères, à Anvers.
(Anvers.)

a-e.   Trois nappes damassées et treize serviettes, toile et lin écru.

N° 375. — M. SCHILDERS, à Louvain.
(Brabant.)

Dentelles.

N° 376. — M. VANMOLLE, JOSEPH, à Assche.
(Brabant.)

Un harnais complet pour cheval de labour.

N° 377. — M. POULIART, JEAN-BAPTISTE, à Assche.
(Brabant.)

a-b.   Six chandeliers et trois chaises.

N° 378. — M. VAN ELEWYCK, J.-F., à Saint-Josse-ten-Noode.
(Brabant.)

a-e.   Quatre lustres en fer de fonte.
f-p.   Banc de jardin; table; bénitier; bras de cheminées; porte-manteaux; porte-pelles; chaise; crucifix et chandeliers d'église, en fonte.
q-u.   Deux suspensions, en fonte.

N° 379. — M. DANNEAU, JOSEPH, à Neufville.
(Hainaut.)

Boudin à nettoyer les grains.

N° 380. — DE BREEMAECKER, L., à Laeken.
(Brabant.)

Deux échantillons de savon et de colle-forte.

N° 381. — M. GYS, Pierre, à Molenbeek-St.-Jean.
(*Brabant.*)

Un meuble, renfermant un harmonium.

N° 382. — M. FRANCHOMME, L., à Molenbeek-St.-Jean.
(*Brabant.*)

a-b. Nappe et serviettes aux armes de la Belgique.
c. Trois pièces de coutil, fil et coton, pour pantalons.

N° 383. — M. FAES, Charles, à Bruxelles.
(*Brabant.*)

Une serrure, vieux système.

N° 384. — VANDERHEYDEN, Pascal, à Tongres.
(*Limbourg.*)

a-b. Peau de veau pour havresac, et échantillons de cuir de vache préparé sans suif.

N° 385. — M. LIBERT-VERHEYDEN, Melchior, à Waesmunster.
(*Flandre orientale.*)

a-b. Un échantillon, de lin; un id. fil de lin.

N° 386. — M. DECHANGY, Charles, à Saint-Josse-ten-Noode.
(*Brabant.*)

a. Une presse à plateau, à mouvement circulaire, alternatif et rectiligne, destinée à regner le papier.
b. Un cric à double effet, nouveau système.
c. Un modèle de chaudière à vapeur, d'un cheval.
d. Divers échantillons de lin de Courtray, rouis.

N° 387. — M. MATTHYS, Martin, à Bruxelles.
(*Brabant.*)

Vernis divers.

N° 388. — M. STOCLET, Adolphe, à Bruxelles.
(Brabant.)

Une machine à trier les grains.

N° 389. — MM. GLENISSON et VAN GENECHTEN,
à Turnhout.
(Anvers.)

a-aa. Papiers de couleurs pour reliure; cartons-porcecelaine; cartes à l'usage des lithographes; cartes à jouer; estampes; lithographies, etc.
bb. Livres de piété et de morale, etc.

N° 390. — M. WYNANTS, C., à Anvers.
(Anvers.)

a. Une tranche ou rouelle de lapidaire.
b. Mortier à piler le diamant.
c. Un coffre-fort à quatre serrures.

N° 391. — MM. BOUTEN-HOLVOET et D'HONT,
à Roulers.
(Flandre occidentale.)

Cent quatre-vingt-dix-sept pièces d'étoffe et douze châles, en laine.

N° 392. — M. CHOLET, Paul, à Molenbeek-Saint-Jean.
(Brabant.)

Une collection de fers à cheval.

N° 393. — M. DUBREUX, Clément, à Fontaine-l'Évêque.
(Hainaut.)

a. Une pendule à secondes avec balancier compensateur.

b.   Un mouvement de montre en blanc, échappement à repos.

N° 394. — M. BERTOUILLE, Léandre, à Tournay.
(*Hainaut.*)

a-y.   Dix-huit pièces d'étoffe, tissu de laine et de coton,
et six pièces de molleton.

N° 395. — M. VANDENKIEBOOM, Jacques, à Huy.
(*Liége.*)

Cinquante-huit pièces en fer battu étamé, casseroles, marmites, coquemars, poêlons, cuillers, tourtières, etc.

N° 396. — Mlle DOTTER, Louise, à Lierre.
(*Anvers.*)

Une robe sans couture allant à toute taille.

N° 397. — M. BOGAERTS, F. A. J., à Anvers.
(*Anvers.*)

Un bénitier en argent, ciselé.

N° 398. — M. VANLOEY, F., à Anvers.
(*Anvers.*)

Un modèle de tonneau non cerclé.

N° 399. — MM. VAN NOTEN frères, à Anvers.
(*Anvers.*)

Un assortiment de fils de soie teints.

N° 400. — MM. NIEWEKERKEN frères, à Malines.
(*Anvers.*)

a-c.   Quatre peaux de veau et vingt-neuf pièces de maroquin.

N° 401. — M. DESPREZ, FLORENT, à Liége.
(*Liége.*)

Toiles et papiers à polir :
a.   Douze feuilles papier de verre.
b.   Id.   id.   id. d'éméri.
c.   Huit   id.   toiles verrées.
d.   Huit   id.   toiles émérisées.

N° 402. — M. DEPOTTER, ADOLPHE, à Lommel.
(*Limbourg.*)

Un niveau pour nivellement de terrain.

N 403. — M. GERARDS, MICHEL, à Hasselt.
(*Limbourg.*)

Une pendule se remontant d'elle-même quatre fois par
heure, au moyen de la sonnerie qui ne doit être re-
montée que tous les quinze jours.

N° 404. — M. DELIN, FRANÇOIS, à Anvers.
(*Anvers.*)

a-j.   Objets de passementerie : devant de robe, gar-
       niture de boutons, agrafes, franges, ga-
       lons, etc.

N° 405. — M. MAYNÉ, PH., à Boitsfort.
(*Brabant.*)

Une volière.

N° 406. — M. DEES, CHARLES, à Bruxelles.
(*Brabant.*)

a.   Une chasuble brodée, or et soie.
b.   Une étole brodée en or.

N° 407. — M. BOUDEWYN, JEAN, à Bruxelles.
(*Brabant.*)

Une balance à pendule.

N° 408. — M. DEMESMAEKER, FRANÇOIS, à Bruxelles.
(*Brabant.*)

a-p. Reliures diverses.

N° 409. — M. SMETS, ÉDOUARD, à Liége.
(*Liége.*)

a. Un régulateur marchant trois ans de suite sans être remonté.
b. Une horloge, nouveau système.
c. Une lampe de houillère.
d. Une machine à fabriquer les roues d'engrenage.

N° 410. — M. SCHERERS, CORNÉLIS, à Liége.
(*Liége.*)

Une pompe à triple cylindre et à bascule.

N° 411. — M. RENIER-LEMOINE, à Verviers.
(*Liége.*)

Un aigle, en fer-blanc.

N° 412. — M. DUPONT, ÉMILE, maître de forges, à Fayt-lez-Seneffe.
(*Hainaut.*)

a. Deux rails en fer laminé, pour chemins de fer.
b. Quatre coussinets en fonte.
c Dix barres fer laminé, plates, rondes et carrées.
d. Deux essieux en fer forgé pour waggons.
e. Six barres de fer, première qualité.

f.   Trois essieux en fer fort battu, pour chariots.

g.   Six boîtes en fonte.

N° 413. — M. FALLOISE, F., à Liége.
(*Liége.*)

Objets de bijouterie : une tabatière, cinq broches, trois
bracelets, une épingle, un poignard et un pommeau
de canne.

N° 414. — M. PLOMDEUR, Nicolas, à Liége.
(*Liége.*)

a-b.   Cinq fusils et une paire de pistolets.

N° 415. — M. BLAVIER, François, à Liége.
(*Liége.*)

a.   Une grande lampe d'église.

b.   Une lampe antique à cornets, bronzée et vernie.

c.   Un lustre à bougies, bronzé et verni.

d.   Une paire de candélabres, en cuivre.

e.   Un couvercle pour fonts de baptême.

f-g.   Quatre lampes à tringles, dont deux en argent et
         deux en cuivre estampé.

h.   Un vase en cuivre.

N° 416. — M. DEBOCK, Hermann, à Jette Saint-Pierre.
(*Brabant.*)

a-b.   Une paire de tiges de bottes et un échantillon
         de cuir de vache.

N° 417. — M. AERTS, Guillaume, à Tongres.
(*Limbourg.*)

a-d.   Quatre régulateurs marchant deux ans de suite
         sans être remontés, et marquant les minutes
         et les secondes séparément.

Nº 418. — MM. EBINGRE et Cᵉ, à Forest.
(*Brabant.*)

a-b. Onze bocaux de noir animal et un bocal de graisse d'os.

Nº 419. — M. NYS, Guillaume, à Bruxelles.
(*Brabant.*)

Un habillement complet, habit, pantalon, gilet et paletot.

Nº 420. — MM. ROLAND et JOIRIS, à Liége.
(*Liége.*)

a-q. Seize poêles économiques.

Nº 421. — MM. VANHEMELRYCK, frères, à Bruxelles.
(*Brabant.*)

Un assortiment de chaussures en caoutchouc.

Nº 422. — M. SABLON, Lambert, à Bruxelles.
(*Brabant.*)

Trois vachettes vernies.

Nº 423. — M. DUMOULIN-PAQUE, G., à Liége.
(*Liége.*)

a. Matrices en acier fondu pour bijouterie.
b. Un alphabet.
c. Lettres en cuivre, estampées, et dorées pour enseignes.
d-e. Une garniture de fusil et une poire à poudre.
f. Bandes en cuivre estampées, pour garnitures de poêles et salons.

Nº 424. — Mˡˡᵉ GUILLAUME, Marie, à Ixelles.
(*Brabant.*)

Robe, volants, sacs, réseaux etc., en dentelle ou soie.

7

N° 425. — M. JORIS, Jacques, à Nessonvaux.
(Liége.)

Un canon de fusil à deux coups, damas chamoiré.

N° 426. — M. JONET, Dominique, à Couillet.
(Hainaut.)

a-e.   Cinq glaces encadrées.
f-i.   Verres à vitres, coloriés, dépolis et polis.

N° 427.—M. ALGRAIN, Léon, à Ath.
(Hainaut.)

Un rouloir (instrument aratoire).

N° 428. — M. PONSEELE, Édouard, à Templeuve.
(Hainaut.)

a-d.   Souliers, bottines, brodequins et sabots.

N° 429. —M. OBRY, Joseph, à Soignies.
(Hainaut.)

Une machine, mue à la main, pour battre le cuir.

N° 430. — MM. LAGNIER et MAILLY, à Bruxelles.
(Brabant.)

Une perruque, un faux tour et une paire de boucles à l'anglaise

N° 431. — M. LEYTENS, Auguste, à Bruxelles.
(Brabant.)

Un habit de bal.

N° 432. — M. BOURLEAU, Louis, à Ath.
(Hainaut.)

Une bascule transversale.

N° 433. — M. FRANC, JEAN-BAPTISTE, à Casteau.
(*Hainaut.*)

Un baril double, d'une seule pièce de bois.

N° 434. — M. JORISSEN, LAURENT, à Liége.
(*Liége.*)

a-f. Six bouteilles de produits chimiques.

N° 435. — M. TROULIEZ, ADRIEN-JOSEPH, à Molenbeek-Saint-Jean.
(*Brabant.*)

Une presse mécanique, à l'usage de la typographie.

N° 436. — M. BEGASSE, CHARLES, à Liége.
(*Liége.*)

a-d. Quatre couvertures de laine.

N° 437. — M. MAGIS, J., à Liége.
(*Liége.*)

a-b. Une paire de cylindres d'acier fondu pour lami-
noirs de bijouterie.

N° 438. — Mme GONNOD, à Bruxelles.
(*Brabant.*)

Fourchettes de parapluies, en fil de fer.

N° 439. — M. SCHEIDTWEILER, THÉODORE, à Saint-
Josse-ten-Noode.
(*Brabant.*)

a. Une pompe à incendie.
b. Un marteau à aiguiser les faux.
c. Un appareil à rendre potable l'eau de mer.

No 440. — M. CAMPION, Auguste, à Houdeng-
Goegnies.
(*Hainaut.*)

a-b. Deux appareils d'alarme, applicables aux chaudières des machines à vapeur.

N° 441. — M. DEQUINNEMAR, Jean-Baptiste, à
Tournay.
(*Hainaut.*)

a-p. Quinze pièces d'étoffe de laine et de fil.

N° 442. — M. GRANGÉ, J.-J., à Bruxelles.
(*Brabant.*)

Un poêle, à feu ouvert et fermé.

N° 443. — M. CORMAN, Mathieu, à Dolhain.
(*Liége.*)

Treize pièces de drap.

N° 444. – M. RENARD, Pierre, à Liége.
(*Liége.*)

Un assortiment de trente-huit pièces de fer laminé.

N° 445. — M. BOUQUIÉ, Ferdinand, à Saint-Josse-
ten-Noode.
(*Brabant.*)

a.   Un modèle de plate-forme hydraulique, servant
à tourner une locomotive et son tender.
b.   Un modèle de soupape, avec régulateur.
c.   Un modèle de waggon à frein, s'enrayant tout
seul en cas d'accident.
d.   Un modèle de boite à graisse, disposée de manière à empêcher le mouvement de lacet des
voitures.

e. Deux échantillons de falots, en déchets de coton gras et hors d'usage.

f. Un système d'expansion pour locomotives.

Nº 446. — M. CALOT, Jean, à Bruxelles.
(*Brabant.*)

a-b. Deux statues du Christ, l'une en argent, l'autre en argent doré.

c. Un bénitier en argent, ciselé.

d. Une tasse et une cuiller, en argent doré au galvanisme.

Nº 447. — M. PIPART, Alexandre, à Tournay.
(*Hainaut.*)

a-d. Quatre chaises en fer battu.

Nº 448. — M. PELSENEER, Alexis, à Meerplas.
(*Anvers.*)

a-g. Échantillons de briques, tuiles et carreaux rouges et bleus, cuits au bois et à la tourbe.

Nº 449. — MM. DOBBELAER et Cᵉ, à Courtray.
(*Flandre occidentale.*)

a-c. Trois échantillons de céruse.

Nº 450. — M. IZOUARD, Esprit, à Anderlecht.
(*Brabant.*)

a-d. Deux colonnes et deux vases, en terre cuite.

Nº 451. — M. MOLLET, Hippolyte, et sœur, à Ghislenghien.
(*Hainaut.*)

a-r. Dix-sept pièces de coutil en coton.

N° 452. — M. VERBEKE, Jean-Baptiste, à Courtray.
(*Flandre occidentale.*)

a-b.   Deux pièces, l'une de toile blanche, l'autre de toile écrue.

N° 453. — M. GIELEGHEM, Pierre, à Courtray.
(*Flandre occidentale.*)

a-b.   Deux pièces, l'une de toile blanche, l'autre de toile écrue.

N° 454. — Mᵐᵉ Veuve ROSSEUW-GLORIEUX, à Courtray.
(*Flandre occidentale.*)

Une pièce de toile blanche.

N° 455. — M. VERCRUYSSE-CARPENTIER, à Courtray.
(*Flandre occidentale.*)

Une pièce de toile blanche.

N° 456. — MM. BOCK père et fils, à Courtray.
(*Flandre occidentale.*)

a-g.   Sept pièces de toile, pour nappes et serviettes, de 5,000, 5,600 et 4,000 fils.

h.   Une pièce de toile écrue.

N° 457. — M. DERUDDER, Égide, à Bruxelles.
(*Brabant.*)

a.   Un canapé en acajou.
b-c.   Un fauteuil et une chaise en palissandre.
d.   Un fauteuil, dit confortable.
e.   Une chaise   id.
f.   Un lit en fer, pliant, servant au besoin de canapé.
g.   Une courte-pointe en soie, piquée et ouatée.

N° 458. — M. LOYARD, Henri, à Molenbeek-S¹-Jean.
(*Brabant.*)

Une machine à fabriquer des ressorts de lits, canapés, etc.

N° 459. — M. DEPREZ, Henri, à Bruxelles.
(*Brabant.*)

a-b. Deux poêles, l'un à feu ouvert, l'autre à feu
fermé.

N° 460. — M. BONNEELS, Félix, à Bruxelles.
(*Brabant.*)

a-e. Instruments de chirurgie; bandages herniaires et
orthopédiques.
f. Un bras artificiel.
g-h. Deux jambes artificielles.
i-j. Deux appareils à extension et à fractures.
k. Un appareil Junot.
l. Un appareil à éthérisation.
m. Un id. pour le genou.
n. Un corset orthopédique.

N° 461. — MM. DELHEID et fils, à Liége.
(*Liége.*)

a-c. Un drowsky et deux tilburys.

N° 462. — M. WOLFERS, Guillaume, à Bruxelles.
(*Brabant.*)

a-b. Deux paires de corbeilles, l'une en argent ciselé,
l'autre en argent coulé.

N° 463. — M. ESSELINGER, JEAN, à Bruxelles.
(Brabant.)

Échantillons de teintures de diverses nuances, sur soie, laine et coton.

N° 464. — M. TRUFFAUT-VERWÉE, à Courtray.
(Flandre occidentale.)

a-d.   Quatre pièces de toile pour serviettes, de 3,000, 3,600 et 4,000 fils.

N° 465. — M. LAMOTTE, JOSEPH, à Courtray.
(Flandre occidentale.)

a-d.   Quatre pièces de toile pour serviettes, de 3,000 fils.
e.   Une pièce de laine-flanelle.

N° 466. — M. VELGHE-VERHAMME, à Courtray.
(Flandre occidentale.)

a-b.   Deux pièces de toile damassée, l'une blanche, l'autre écrue, pour nappes.

N° 467.— MM. VERCRUYSSE-BRUNEEL, à Courtray.
(Flandre occidentale.)

Une pièce de toile blanche.

N° 468.—M. HOUTHAEVE-DEBRAUWER, à Courtray.
(Flandre occidentale.)

a-d.   Quatre peignes avec lames à tisser.

N° 469. — M. BARTHOLOMÉ-VANDENNAESEN, HENRI, à Liége.
(Liége.)

a-n.   Treize pièces de poterie d'étain.

N° 470. — M. DELCAMBRE, Isidore, à Saint-Josse-ten-Noode.

(*Brabant.*)

a.   Une machine à composer les caractères d'imprimerie.

b.   Une machine à distribuer les caractères d'imprimerie.

N° 471. — M. SOMZÉ cadet, à Liége.

(*Liége.*)

a-g.   Brosses de maçon, houssoirs et balais.

N° 472. — M. HELDENSTEIN, François, à Ixelles.

(*Brabant.*)

a-c.   Douze couverts, douze cuillers à café et une louche en argent de Berlin, forgé.

d.   Une cuiller à ragoût.

e.   Une grande et une petite balance.

f.   Une canne.

g.   Une garniture de spatules et de mesures de pharmacien.

h.   Une paire de chandeliers en argent de Berlin, forgé.

N° 473. — M. MERTENS, Michel, à Bruxelles.

(*Brabant.*)

a.   Un régulateur à balancier compensateur, marchant un an, sans être remonté.

b.   Un mouvement de régulateur.

c.   Un rouage de chronomètre.

N° 474. — M. TRUMPER, Pierre, à Molenbeek.

(*Brabant.*)

a-d.   Quatre bouts d'essieux de voitures, double patente.

N° 475. — M. GOVAERTS, Louis, à Diest.
(*Brabant.*)

Un petit rouet en os.

N° 476. — MM. BRUGMANN et fils, à Bruxelles.
(*Brabant.*)

a. Neuf pièces de drap, qualités et couleurs diverses.

b. Quatre pièces de satin-laine.

c. Trois pièces Duffel.

d. Une pièce de castor.

e. Douze pièces de toile bleue.

f. Six pièces de toile écrue.

g. Trois pièces de mouchoirs de toile.

h. Une pièce de victorine noire.

i. Une   id.   cachemire noir.

k. Une   id.   casimir noir.

l-m. Trente-deux pièces de toile blanche.

N° 477. — M. CHARLES, Joseph, à Liége.
(*Liége.*)

Une paire de pistolets de tir, à double détente, crosse
en acier.

N° 478. — M. DEMANET, Charles, à Ixelles.
(*Brabant.*)

a-h. Six chaises, une table, et un buffet en bois de
chêne, avec incrustations en bois de couleur.

N° 479. — MM. LÉGER et DEVLIEGER, à Alost.
(*Flandre orientale.*)

Mise en carte d'un dessin pour nappe.

N° 480. — M. BASSOMPIERRE, Ant., à Chênée.
(Liége.)

Un assortiment de bougies.

N° 481. — M. GÉRUZET, Jules, à Bruxelles.
(Brabant.)

a-b.   Treize bustes et statuettes, dont neuf en plâtre
       blanc et quatre en plâtre bronzé.

c.   Une armure en carton-pierre.

d.   Huit bustes et statuettes en plâtre durci.

e-f.   Imitation de vieux bois et une statue de sainte
       Cécile dans une niche en plâtre.

N° 482. — M. WALTERS-SCHELDERS, à Bruxelles.
(Brabant.)

a.   Un cadre doré, style Louis XV.

b.   Un cadre ou reliquaire gothique.

N. 483. — M. VAN ELWICK, Jacques, à Bruxelles.
(Brabant.)

a.   Une paire de lampes, modérateur, en bronze.

b.   Id.   id.   en cristal.

c-d.   Deux paires de lampes,   id.   en fer blanc.

N° 484. — SOCIÉTÉ ANONYME, MANUFACTURE
            ROYALE DE TAPIS.

Directeurs: MM. OVERMAN et DELEVIGNE, à Tournay.
(Hainaut.)

a.   Un tapis, verges rondes, fond gris.

b-d.   Trois tapis veloutés, moquettes.

e.   Un tapis, savonnerie, genre Smyrne.

f.   Id.   id.   à fleurs naturelles.

N° 485. — M. ANCE, Louis, à Bruxelles.
(*Brabant.*)

Objets de passementerie : paires d'épaulettes, un cordon de drapeau en or, garnitures de robe, cordelières, etc.

N° 486. — M. VAN HEYST, J., à Herenthals.
(*Anvers.*)

a.   Deux empeignes.
b.   Un veau gris.
c.   Une paire de tiges.
d.   Un veau noir, pour charivari de la cavalerie.

N° 487. — MM^mes DEREST et Ce, à Lierre.
(*Anvers.*)

Soieries :
a-e.   Cinq   pièces de levantine.
f-i.   Quatre id.   pékin.
k-n.   Quatre id.   gros grain.
o-v.   Huit   id.   gros de Naples.
w-x.   Deux   id.   taffetas.
y.   Une   id.   damassée.
z.   Un paquet renfermant quatorze écharpes façonnées.
aa-dd. Quatre pièces de satin.
ee-kk. Six   id.   de cravates et écharpes.
ll-mm. Deux   id.   de serge noire.
nn-pp. Trois stores façonnés, bleu de ciel.

N° 488. — M. BELVAL-DELEHOVE, à Tournay.
(*Hainaut.*)

a.   Un flacon de sulfate d'ammoniaque.
b.   Un   id.   *dextrine.*
c.   Un   id.   sulfate de soude cristallisé.

N° 489. — M. VERDONCK, JOSEPH, à Anvers.
(*Anvers.*)

Une balance.

N° 490. — M. LABEAU, JACQUES, à Bruxelles.
(*Brabant.*)

Une table à coulisse, bois d'acajou.

N° 491. — M. WATRICE-HONTOY, LOUIS, à Dinant.
(*Namur.*)

a. Une table à thé, en marbre provenant de la carrière de Gerin, située près de Dinant.
b. Un pavé en marbre noir, de la carrière de Lisogne, située près de Dinant, poli clair.
c. Un pavé en marbre noir, de la carrière de Lisogne, poli mat.

N° 492. — MM. BIVORT-RAYMOND et Cᵉ, à Namur.
(*Namur.*)

a. Dix planches de cuivre, de différentes dimensions.
b. Dix-neuf chaudrons et marmites, en cuivre et en laiton.
c. Fils de cuivre et de laiton, de toutes qualités.
d. Un fond de chaudière en cuivre.
e. Un   id.   d'alambic.

N° 493. — M. BAUCHAU-MAURISSENS, THÉODORE,
à Namur.
(*Namur.*)

a. Un grand fond de cuve en cuivre.
b. Dix-neuf chaudrons, marmites, etc., en cuivre.

c.   Cinq planches de cuivre et laiton.
d.   Une platine de cuivre.

N° 494. — M. WILMART, François, à Namur.
(*Namur.*)

a.   Une balance de précision, pour pharmaciens et chimistes.
b.   Un irrigateur perfectionné.
c.   Une machine d'Atwood.
d.   Un moufle à poulies concentriques, avec double poulie de renvoi.
e.   Un moufle à poulies décroissantes, avec cabestan de marais.
f.   Balance de Roberval.
g.   Sirène sans compteur.
h.   Fontaine de compression.
i.   Une machine à force centrifuge.

N° 495. — M. ELOIN, Félix, à Namur.
(*Namur.*)

a-b.   Deux lampes de sûreté, à l'usage des mineurs.

N° 496. — M. ALBERT, François, à Namur.
(*Namur.*)

Ouvrages en cheveux.

N° 497. — M. WINAND, Louis, à Andenne.
(*Namur.*)

Objets en porcelaine blanche: assiettes, plats, saladiers, saucières, corbeilles, etc.

N° 498. — M. CURÉ, PIERRE, à Bruxelles.
(Brabant.)

a-f. Six cylindres en cuivre, gravés, pour impression d'indiennes.

g. Échantillons de dessins d'indiennes.

N° 499. — MM. MATHIEUX frères, à Dinant.
(Namur.)

Cartes à jouer.

N° 500. — M. BLANPAIN, FRANÇOIS, à Namur.
(Namur.)

Une échelle d'incendie, à sauvetage continu.

N° 501. — M. LIPPENS, POLYDORE, à Bruxelles.
(Brabant.)

Modèle de locomotive, système américain.

N° 502. — M. BRÉZA, THÉOPHILE, à Bruxelles.
(Brabant.)

a. Un appareil aspiratoire, applicable aux cheminées.

b. Trois modèles d'appareils aspiratoires.

N° 503. — MONTIGNY, PIERRE, et fils, à Fontaine-
l'Évêque.
(Hainaut.)

a. Un fusil de luxe, à double canon et culasse mobile.

b. Un fusil, gros calibre, même système.

c. Un mousqueton de garde-chasse, avec baïonnette
mobile.

d. Une paire de pistolets de tir.

e.   Un pistolet de salon, avec accessoires.

f.   Échantillons de cartouches de chasse, à plomb et à balle.

N° 504. — NORBERT, MICHEL, à Tournay.
(*Hainaut.*)

a-b.   Deux tapis moquettes.

N° 505. — M. FLAMACHE, HUBERT, à Charleroy.
(*Hainaut.*)

Un flotteur d'alarme.

N° 506. — M. GAVAGE, LÉONARD, à Liége.
(*Liége.*)

a-b.   Échantillons de limes.

N° 507. — M. HOFFMAN, FRÉDÉRIC, à Bruxelles.
(*Brabant.*)

a.   Un ventilateur, à l'usage des forges.
b.   Une carte d'échantillons de limes et râpes.

N° 508. — M. LEGRAS, FRANÇOIS, à Bruxelles.
(*Brabant.*)

Pâte de Regnauld aîné, mou de veau. guimauve, etc.

N° 509. — M. FRAIKIN, LOUIS, à Bruxelles.
(*Brabant.*)

Douze boîtes de médicaments.

N° 510. — M. PIERLOT, AUGUSTE, à Bertrix.
(*Luxembourg.*)

a-b.   Vingt-huit échantillons d'ardoises, dont dix-sept provenant des anciennes carrières de Herbeumont, et onze des nouvelles.

N° 511. — M. VASSEUR, Louis, à Herbeumont.
(Luxembourg.)

a-d.   Échantillons d'ardoises.

N° 512. — M. DE GUERVILLE, Henri, à Laviot.
(Luxembourg.)

a-d.   Échantillons d'ardoises.

N° 513. — M. WURTH, Philippe, à Aubange.
(Luxembourg.)

a-o.   Un assortiment de rubans, en fil et coton.

N° 514. — M. DAMAS, Mathieu, à Martelange.
(Luxembourg.)

Dalles en pierre bleue, dites *pierres d'ardoise.*

N° 515. — M. RAYMOND, Joseph, à Bouillon.
(Luxembourg.)

a-d.   Échantillons d'ardoises.

N° 516. — SOCIÉTÉ ROCHEBEAUX, à Dinant.
(Namur.)

a-e.   Échantillons d'ardoises.

N° 517. — MM. SENY et LECLÈRE, à Bruxelles.
(Brabant.)

a.   Quatre-vingt-huit pièces d'indiennes diverses.
b.   Huit pièces, rouge d'Andrinople.
c.   Cinq   id.,   rouge uni.
d.   Huit   id.   de mouchoirs divers.

8

N° 518. — M. RANG, Pierre, à Bruxelles.
(Brabant.)

Une armoire en acajou, à glace.

N° 519. — M. RENARD, Pierre, à Sibret.
(Luxembourg.)

Modèle d'une machine servant à enlever les neiges des routes.

N° 520. — M. PALLÉE, à Herbeumont.
(Luxembourg.)

a-b.   Échantillons d'ardoises.

N° 521. — M. DONNER, François, à Bettelange.
(Luxembourg.)

Un cuir de Montevideo, tanné.

N° 522. — MM. GERARDI, F. J., et LIÉGEOIS, Antoine, à Ethe.
(Luxembourg.)

Une machine à couper les grains.

N° 523. — M. COLLETTE, Joseph, à Bertrix.
(Luxembourg.)

Échantillons d'ardoises.

N° 524. — M. SNOECK, Chrétien, à Herve.
(Liége.)

a-f.   Six pièces de drap cachemire.
g-z.   Dix-neuf id. de drap zéphyr.
aa-bb. Deux   id. de drap satin-laine.
cc.   Une   id. de drap fin écarlate.

No 525. — M. DIERENS, Joseph, à Bruxelles.
(*Brabant*.)

a-b.   Une garde-robe inodore ; une id., applicable aux
       lieux d'aisance.

No 526. — M. CHARVET, Charles, à Bruxelles,
(*Brabant*.)

a.   Un oléomètre.
b.   Un échantillon d'huile brabançonne pour le grais-
       sage des mécaniques.
c.   Un échantillon d'huile de résine purifiée
d-e.   Deux échantillons de graisse à mécanique.
f.   Deux   id.   de résine purifiée pour les sa-
       vonneries.

No 527. — MM. GENDEBIEN et HOUYET,
à Molenbeek-Saint-Jean.
(*Brabant*.)

Modèle de moulin, d'après un nouveau système, dit
aérateur.

No 528. — M. VANGENECHTEN, Louis, à Bruxelles.
(*Brabant*.)

a.   Une chaudière en cuivre, avec réservoir de com-
       bustibles.
b-c.   Deux seaux en cuivre, servant de pompe, avec jet
       d'eau continu.

No 529. — SOCIÉTÉ DE LA VIEILLE-MONTAGNE,
à Liége.
(*Liége*.)

a.   Quatre lingots de zinc.

b-d.   Grand assortiment de feuilles laminées, de toutes dimensions et épaisseurs.

e.   Un assortiment de huit espèces de clous.

f.   Trois modèles de toiture.

g.   Une pompe.

h.   Objets en zinc repoussé.

j.   id.   fondu.

k.   Tuyaux de différentes dimensions.

l.   Six plaques de zinc, gravées en relief.

m.   Dix étiquettes écrites sur zinc, pour jardins.

n.   Oxyde de zinc avec deux échantillons de bois et fer peints avec cet oxyde.

o.   Deux statues et un vase, manufacturés en France, mis à l'appui des propriétés du métal.

p.   Assortiment de fils de fer.

N° 530. — MM. GEILL et Cᵉ, à Gand.
(*Flandre orientale.*)

a.   Une cheminée en marbre statuaire.

b.   Une   id.   en marbre de Sicile.

c.   Une   id   en marbre noir.

d-f.   Une baignoire, un bassin et un vase en marbre blanc.

N° 531. — M. GAILLARD, Louis, à Bruxelles.
(*Brabant.*)

a.   Une cafetière à flotteur, en cuivre.

b.   Une   id.   à bascule, en plaqué.

c.   Une   id.   en fer-blanc.

d.   Un lustre gothique en cuivre.

e-h   Objets en plaqué : quatre chandeliers ; une croix de procession, un pupitre d'église, et un cadre.

i.   Une cafetière à bascule en porcelaine.

k.   Six chandeliers d'église.

l.   Une lampe d'église.

m.   Un goupillon.

n.   Un brûle-café.

o.   Six lampes à modérateur.

p-q. Une glacière et un cuvier.

N° 552. —MM. TOURNAY et Cᵉ, à Bruxelles.
(Brabant.)

a.   Quatorze rouleaux de papiers peints, à meubler.

b.   Quatre   id.   - id.   satinés.

c.   Cinq   id.   id.   lisse, genre perse.

d.   Huit   id.   id.   velouté.

e.   Six stores transparents.

N° 533. — BERWAETS, Guillaume, à Bruxelles.
(Brabant.)

a-b.   Deux pièces montées, en chocolat.

c-d.   Deux étagères en chocolat.

e-f.   Chocolat ferrugineux.

g-h.   Cigares et figurines en chocolat.

N° 534. — M. LAUREYS, François, à Bruxelles.
(Brabant.)

a-b.   Deux poêles économiques, à la houille et au bois.

c.   Un   id., au bois.

N° 535. — M. DEMAHIEU, Hippolyte et Cᵉ, à Anvers.
(Anvers.)

Une vitrine renfermant trente et une pièces de dentelles brodées, quatre écharpes, trois barbes, cinq berthes et pèlerines, cinq voilettes, deux manchettes et cinq cols brodés.

N° 536. — Mlle DEFRENNE, SOPHIE, à Bruxelles.
(*Brabant.*)

a. Une voilette en dentelle, application de Bruxelles.
b. Quatre cols en dentelle de Bruxelles.

N° 537. — M. DEPPE, FLORIANT, à Bruxelles.
(*Brabant.*)

Trois paires de bretelles.

N° 558. — M. DANHIEUX, JEAN-BAPTISTE, à Bruxelles.
(*Brabant.*)

a-b. Deux poêles, feu ouvert.
c-e. Trois serrures.

N° 539. — MM. LIBERT, JOSEPH ET Ce, à Molenbeek-
Saint-Jean.
(*Brabant.*)

a. Une machine à vapeur, de la force de huit chevaux, à détente variable.
b. Modèle de pont, d'après le système inventé par
l'ingénieur Neville de Londres.

N° 540. — M. MAHILLON, BARTHÉLEMY, à Bruxelles.
(*Brabant.*)

a-b. Deux fusils de chasse, à deux coups; et une paire
de pistolets de tir.

N° 541. — MM. KISSING ET Ce, à Tournay.
(*Hainaut.*)

a-c. Bonneterie : vingt douzaines d'articles en coton ;
vingt douzaines d'articles en fil et quarante
douzaines d'articles en laine.

Nº 542. — MM. BIOLLEY et fils, à Verviers.
(Liége)

a.   Vingt-huit pièces de drap de différentes qualités.
b.   Une pièce de satin laine, 4/4.
c.   Deux pièces de casimir, 8/4.
d.   Une pièce Duffel.
e-f.   Douze pièces de flanelle.
g.   Six pièces de drap.
h.   Deux pièces de satin, 8/4 et 4/4.
j-l.   Deux pièces d'étoffe de laine, dite *lady coating;*
        une id. *castorine;* une id. *coating* mélangé.

Nº 543 — M. CAVENAILE, F., à Bruxelles.
(Brabant.)

a-d.   Quatre pompes à incendie.
e.   Une pompe à arroser les jardins.
f.   Une pompe foulante, applicable aux puits.
g.   Sept latrines.
h-k.   Hache, pique, pince et crochet, à l'usage des
        pompiers.
l.   Cinq rouleaux de tuyaux en plomb.
m.   Une feuille de plomb laminé.
n.   Modèle de pompe horizontale, à l'usage des mines.
o.   Vingt-quatre robinets en cuivre, pour pompes et
        machines à vapeur.

Nº 544. — M. DAMADE, Charles, à Bruxelles.
(Brabant.)

Deux douzaines et demie de bas, de différentes qualités.

Nº 545. - - M. GOEBEL, Charles, à Bruxelles.
(Brabant.)

Un secrétaire à glaces.

N° 546. — MM. KEYMOLEN et LAMAL, à Bruxelles,
(*Brabant.*)

a-b.   Deux rouleaux de tuyaux en plomb, et un rou-
      leau de tuyaux en étain, sans fin et sans sou-
      dure.

N° 547. — FABRIQUE BELGE DE LAINES PEI-
      GNÉES, Directeur M. LARDINOIS, à Verviers.
(*Liége.*)

a-g.   Cent quarante deux paquets de laine filée.
h.   Trois pièces d'étamine.
j.   Quatre id. de serge.
k.   Quatre id. mousseline-laine.
l.   Dix pièces thibet.
m-n. Huit   id. damassées, dont sept de pure laine
      et une de demi-laine.
o.   Trois pièces de mérinos.
p.   Huit paquets de filature de laine, dite zéphir.

N° 548. — MM. SOREL et WARIN, à Bruxelles.
(*Brabant.*)

a-f.   Quatre fauteuils et deux chaises.
g.   Un écran, genre Louis XV.
h.   Une console, genre Louis XVI.
i.   Une toilette de dame.
k.   Un paravent de salon.
l.   Un fauteuil en ébène.

N° 549. — M. PAUWELS, FRANÇOIS, à Molenbeek-
      Saint-Jean.
(*Brabant.*)

a-e.   Un métier à tisser, avec temple, navette, dévi-
      doir et balance à numérateur.

f-g. Six peignes métalliques à tisser.

N° 550. — M. STEVENS, L., à Molenbeek-Saint-Jean.
(Brabant.)

a. Soixante-cinq pièces de faïence.
b. Quarante carreaux de faïence.
c. Onze paquets de vis, clous, crampons et rivets, galvanisés.
d-e. Rouleaux de fil de fer, chaînes, verrous, truelle, etc., galvanisés.

N° 551. — M. WOOD, WILLIAM, à Anvers.
(Anvers.)

a. Six pièces de tissus-meubles, damassées, laine et coton, de différents apprêts, teintes à l'écru.
b. Trente pièces javassattas et orléans, chaîne en coton, unies et brochées, diversement préparées.
c. Vingt-cinq pièces de batiste et de toiles de lin, blanchies et apprêtées de différentes manières.
d. Une pièce de paramatta, bleu royal.

N° 552. — M. SOURIS, FRANÇOIS, à Bruxelles.
(Brabant.)

a. Une cheminée en marbre jaune de Sienne.
b. Une   id.   id.   blanc clair.
c. Une   id.   id.   noir.
d. Une   id.   id.   statuaire, sculptée.
e. Une   id.   id.   bleu turquin.

N° 553. — M. LEROY, J., à Verviers.
(Liége.)

Machine à filer la laine.

N° 554. — M. SOMERS, Jean-Baptiste, à Bruxelles.
(*Brabant.*)

a.   Un poêle, feu ouvert, en cuivre.
b.   Un id.   id.   en fer.
c-d. Un   id. et une cuisinière économique.
e-f. Deux id. en cuivre.
g-j. Deux id. et un lit, en fer.

N° 555.—M. DOMMER, Théodore, à Alost.
(*Flandre orientale.*)

a.   Trente-deux nappes, de différentes qualités.
b.   Quatorze douzaines de serviettes.
c.   Deux pièces de coutil.
d.   Deux pièces de toile à matelas, de diverses qualités.
e.   Deux douzaines de mouchoirs linon.
f.   Huit pièces de toile et de batiste.
g.   Quatre stores.
h.   Une pièce d'essuie-mains.

N° 556. — M. CASTILLE, Adolphe, à Nivelles.
(*Brabant.*)

Deux fenêtres-tabatières en fer, pour toits.

N° 557. — MM. VANDEN BRANDE et C°,
à Schaerbeek.
(*Brabant.*)

a.   Une roue de waggon.
b.   Une garniture de ressorts de voiture de chemin de fer.
c.   Une pompe à incendie, de deuxième dimension.
d.   Une pompe-brouette pour stations.
e.   Une pièce de fonte brute sortant du moule.

N° 558. — MM. VANDEN BRANDE et Ce, et DEKEYN,
frères, à Schaerbeek.
(Brabant.)

Une diligence de chemin de fer.

N° 559. — Mme Ve LIENAERT-CHAFFAUX, à Tournay.
(Hainaut.)

a.   Quarante pièces d'étoffes en coton, pour pantalons.
b.   Trente   id.   d'étoffes en laine et coton, pour
         pantalons et paletots.
c.   Quatre   id.   d'étoffes en fil pour pantalon.

N° 560. — M. COMMERGO, AUGUSTE, à Eecloo.
(Flandre orientale.)

a-m.   Douze pièces de cotonnette, dont dix pièces sia-
         moise, une pièce pour rideaux et une pièce
         pour mouchoirs.

N° 561. — M. NEELMANS-D'HAVÉ, à Eecloo.
(Flandre orientale.)

a.   Quinze châles tartan.
b.   Cinq pièces *gala plaid.*
c.   Cinq pièces d'étoffe à pantalon.
d.   Deux pièces d'étoffe dites *vlaeming.*
e.   Une   id.   baye de Hollande.
f.   Deux   id.   de molleton.
g.   Deux   id.   de mérinos.
h.   Trois , id.   plaid.
j.   Une   id.   dimitte.

N° 562. — M. PLEEVOETS-DE-LANTHEERE, à Gand.
(Flandre orientale.)

a.   Une cheminée en fer, à feu ouvert.

b.   Un calorifère en fer, à feu fermé.

N° 563. — M. BEERNAERT, J., à Gand.
(*Flandre orientale.*)

a.   Un modèle de pompe foulante et aspirante.
b.   Un id.   intermittente.
c.   Un appareil de Thilorier, modifié par **MM. Ma-**
          reska et Dony.
d.   Une machine hydro-électrique.

N° 564. — ATELIERS DE CHARITÉ, à Gand.
(*Flandre orientale.*)

a.   Quatre pièces de toile d'emballage.
b.   Deux   id.   d'étamine.
c.   Trois paquets de fil de lin.
d.   Quatre pièces de fil d'étoupes.
e.   Un   id.   de fil déchet de lin.

N° 565. — M. VANLANGENHOVE, H. J., à Gand.
(*Flandre orientale.*)

Un lit de camp à ressort.

N° 566. — M. VANLANGENHOVE-VANHAEKEN,
à Zele.
(*Flandre orientale.*)

a-d.   Quatre pièces de toile à carreaux.
e.   Une   id.   de siamoise.
f.   Une pièce de toile à sacs.
g.   Une   id.   d'étamine.
h.   Sangles.

N° 567. — SOCIÉTÉ LINIÈRE GANTOISE, à Gand.
(*Flandre orientale.*)

a.   Douze paquets de fil de lin, de Lokeren.

b.   Dix paquets de fil de lin, de Courtray.
c.   Treize id.   id. d'étoupes.
d.   Deux id.   id. d'étoupes verdâtres.

N° 568. — M. BOSTEELS-GERNINCKX, à Zele.
(*Flandre orientale.*)

a-k.   Dix pièces de toile à voiles.

N° 569. — VAN MONTAGU, à Gand.
(*Flandre orientale.*)

a-c.   Trois fusils de chasse, à double canon.
d-h.   Douze douzaines de couteaux de table et de dessert.
i.   Une boîte contenant un fusil de luxe.

N° 570. — M. LANTHEERE, Frans, et Cie., à Gand.
(*Flandre orientale.*)

Échantillons de plaques et rubans pour carder, à coton et à laine, et rubans pour carder à lin.

N° 571. — M. LANTHEERE, Frans, à Gand.
(*Flandre orientale.*)

a-b.   Un cuir de Hongrie et un cuir d'empeigne.

N° 572. — M. GOETHALS, Ferdinand, à Eecloo.
(*Flandre orientale.*)

a-d.   Quatre pièces d'étoffe de laine.
e-k.   Six paquets de sayette.

N° 573. — M. MESTDAGH, Jean, à Caprycke.
(*Flandre orientale.*)

a.   Une pièce de toile dite zeilmakers linnen.
b.   Id.   id. dite blondine.

N° 574. — M. VAN DAMME, Charles, à Gand.
(Flandre orientale.)

a-e. Cinq pièces de toile, pour ornements d'église.

N° 575. — M. GOETHALS, Ange, à Eecloo.
(Flandre orientale.)

a-c. Trois pièces d'étoffe de laine.

N° 576. — M. SCHEIBLER, R., à Gand.
(Flandre orientale.)

a-d. Deux pièces de toile, et deux pièces de mouchoirs en toile.

N° 577. — M. LIVYN, Benoit, à Eecloo.
(Flandre orientale.)

a. Une pièce de mouchoirs de poche.
b. Id. de cotonnette.
c. Id. de siamoise.
d. Id. d'étoffe dite *meubeldam.*

N° 578. — M. GOSSET, Charles, à Molenbeek-Saint-Jean.
(Brabant.)

Un coffre-fort, à serrure incrochetable.

N° 579. — M. GILLIS-CASSART, Paul, à Termonde.
(Flandre orientale.)

a-d. Quatre couvertures de coton.

N° 580. — M. VANDERVENNET, Ferdinand, à Eecloo.
(Flandre orientale.)

Une pièce de toile écrue, tissée à la navette volante.

N° 581. — M. GASSÉE, Pierre, à Gand.
(*Flandre orientale.*)

Une chaîne en bois, d'une seule pièce.

N° 582. — M. BONNE, Albert, à Gand.
(*Flandre orientale.*)

Huit taquets en cuir pour le tissage du coton à la mécanique.

N° 583. — M. NELIS, Louis, à Zele.
(*Flandre orientale.*)

Une pièce de toile à voile.

N° 584. — M. NELIS, Emm., à Zele.
(*Flandre orientale.*)

Échantillons de chandelles à la baguette.

N° 585. — Mlle REYNAERT, Charlotte, à Gand.
(*Flandre orientale.*)

Dentelles en point d'Alençon.

N° 586. — M. DUSAUCHOIT, Édouard, à Gand.
(*Flandre orientale.*)

a. Un manchon en peau de marmotte, teinte.
b. Une peau de chevreuil.
c. Huit échantillons de peaux de lapin et de chat, teintes.
d. Une lunette à préparer le cuir.

N° 587.—Mlle COLOMBIER, Annette, épouse Verché, à Eecloo.
(*Flandre orientale.*)

Manchettes en dentelles.

N° 588.—MAISON DE BIENFAISANCE DES SOEURS HOSPITALIÈRES DE SAINT VINCENT DE PAULE (Supérieure, la Sœur STANISLAS), à Eecloo.

(Flandre orientale.)

Six pièces de dentelle, un échantillon de dentelle et neuf dessins d'application.

N° 589. — COUVENT DES SOEURS DE CHARITÉ (Supérieure la mère MAURICE), à Eecloo.

(Flandre orientale.)

Huit pièces de dentelle.

N° 590. — M. SLIMBROEK, JACQUES, à Gand.

(Flandre orientale.)

Trois assortiments complets de bobines pour filage du coton, du lin et de la laine.

N° 591. — M. BRASSEUR, EUGÈNE, à Gand.

(Flandre orientale.)

Cinq échantillons de blanc de céruse.

N° 592. — M. VERHOYE, THÉODORE, à Cruyshautem.

(Flandre orientale.)

Une charrue.

N° 593. — M. VANHAEKEN, JEAN-ANDRÉ, à Zèle.

(Flandre orientale.)

a. Un paquet de chanvre peigné.
b. Deux pelotes de fil de chanvre filé à la main.
c. Une paire de traits et une paire de guides.

N° 594. — M. VANDAMME, Auguste, à Bruges.
(*Flandre occidentale.*)

a.-c. Une table à jeu; un pupitre d'église; une console.

N° 595. — M. RUBAY-DION, à Tournay.
(*Hainaut.*)

a. Un appareil à mettre en forme les chapeaux
d'hommes.
b-c. Six chapeaux et un shako.

N° 596. — M. PARMENTIER, Louis, à Bruges.
(*Flandre occidentale.*)

Un poêle en fer, à feu ouvert.

N° 597. — M. VERMEULEN, François, à Bruges.
(*Flandre occidentale.*)

Bottes et souliers.

N° 598. — M. MICHIELS, Jean, à Bruges.
(*Flandre occidentale.*)

Un lustre en bois sculpté.

N° 599. — M. ANTHIERENS-MAERTENS, Aimé,
à Bruges.
(*Flandre occidentale.*)

Quatre pièces de dentelle, genre antique.

N° 600. — M. DEFOORT, Annette, à Bruges.
(*Flandre occidentale.*)

Cinq pièces de dentelle.

*9

N° 601. — ÉCOLE DES FILLES PAUVRES, surveil-
lant M. RYELANDT-VANNAEMEN, à Bruges.
(*Flandre occidentale.*)

Sept pièces de dentelle.

N° 602. — M. VANDECASTEELE, Charles, à Bruges.
(*Flandre occidentale.*)

Huit coupons de dentelle.

N° 603. — Mme épouse MOULAERT et Mlle DEVOS,
à Bruges.
(*Flandre occidentale.*)

Neuf coupons de dentelle.

N° 604. — M. PAUL-MOENTACK, L., à Bruges.
(*Flandre occidentale.*)

Douze pièces de dentelle.

N° 605. — Mme MAZEMAN, née VANTROOSTENBER-
GHE, à Bruges.
(*Flandre occidentale.*)

Neuf coupons de dentelle.

N° 606. — ÉTABLISSEMENT DE CHARITÉ, directeur,
M. DEFOERE, à Bruges.
(*Flandre occidentale.*)

Six coupons de dentelle.

N° 607. — ÉCOLE DES FILLES PAUVRES, supérieure,
Mme VANSTALLEN, Isabelle, à Bruges.
(*Flandre occidentale.*)

Six coupons de dentelle.

N° 608. — ÉCOLE DES FILLES PAUVRES, à Bruges.
(*Flandre occidentale.*)

Six coupons de dentelle.

N° 609. — Mme Ve DEZUTTER, à Bruges.
(*Flandre occidentale.*)

Six coupons de dentelle.

N° 610. — M. SEREZIA-GAZET, à Bruges.
(*Flandre occidentale.*)

Cinq objets en dentelle.

N° 611. — Mme Ve FAUCONNIER-DELIRE, à Châtelet.
(*Hainaut.*)

a-e   Cinq chaines-câbles.

N° 612. — M. VAN HOO, J.-B., à Lokeren,
(*Flandre orientale.*)

a.   Douze pièces de cotonnette.
b.   Cinq pièces de toile damassée.
c.   Deux   id.   de madras.
d.   Quatre id.   d'étoffe de laine et coton pour pan-
      talons.

N° 613. — M. PELLAT, Romain, à Gand.
(*Flandre orientale.*)

Un assortiment de cinq douzaines de gants en peau, et
de dix douzaines de gants coupés non confectionnés.

N° 614. — ÉCOLE DES ARTS ET MÉTIERS, à
Tournay.
(*Hainaut.*)

a-b.   Quarante et une pièces d'étoffe dite orléans, dont

huit pièces noir uni, et trente-trois noir broché.

c. Huit pièces d'étoffe, dite paramattas.

d. Deux id. thibet, noir et gris.

e. Sept id. étoffes de fantaisie.

f. Une machine à vapeur de la force de quatre chevaux.

g. Trentes châles.

h-k. Quarante-six serviettes et deux nappes.

l. Objets de bonneterie.

m. Charpente de manége au 20e de l'exécution; escalier, au 10e de l'exécution.

n. Escalier à deux jours, au 10e de l'exécution.

o. Un métier à tisser.

N° 615. — M. DEWAN, MARTIN, à Termonde.
(Flandre orientale.)

a. Deux bouquets de fleurs, en coquillages.

b. Une pendule, en coquillages.

N° 616. — M. DEVIS, EUGÈNE, successeur de VANGELDER-PARYS, à Bruxelles.
(Brabant.)

a. Quatorze panneaux en papier peint, velouté et doré.

b. Cent deux bandes de papier peint.

N° 617. — M. SCHNEIDER, JEAN, à Bruxelles.
(Brabant.)

Un appareil pour la fabrication et la concentration de l'acide sulfurique.

N° 618. — M. GÉRARD-GOFFLOT, Joseph, à Neufchâteau.

(Luxembourg.)

a.   Cinq cuirs de bœuf du Brésil , tannés.

b.   Cinq id. de vache.

N° 619. — M. JOREZ, Louis, fils, manufacture royale de
tapis de pied, toiles cirées, cuirs vernissés, etc., à
Cureghem. — Dépôt à Bruxelles.

(Brabant.)

a.   Un grand tapis sur étoffe molletonnée, en toile
cirée.

b.   Huit carpettes, en toile cirée.

c.   Un tapis pour escalier, en toile cirée.

d.   Seize pièces de toile cirée.

e.   Sept pièces de tapis, en toile cirée.

f.   Quatre ronds de table imprimés.

g.   Deux stores vitraux.

h.   Quatre pièces de taffetas gommé.

j.   Un manteau de chasse.

r.   Onze ronds de table dorés.

l.   Une pièce de toile forte.

m.   Sept cuirs de vache.

n-o.   Huit pièces de veau, et huit pièces de mouton.

p.   Une douzaine de cuirs à chapeau.

N° 620. — M. HINTHEL, Jean, à Bruxelles.

(Brabant.)

a.   Un piano-buffet, en palissandre, avec encadrement.

b.   Un id. uni.

N° 621. — M. MANGEOT, Henri, à Ixelles.

(Brabant.)

a-d.   Cinq fusils de différentes qualités, à double canon.

e.   Carabine.

f.   Un couteau d'abordage, avec deux pistolets à la
          poignée.

g-h.   Deux paires de pistolets de tir,

i.   Une paire de pistolets de poche dorés.

k.   Une carabine sans poudre, ou de salon.

l-p.   Cinq pistolets   id.

q-r.   Deux cibles à cercles mobiles.

s.   Un fusil, système Lefaucheux.

t.   Deux canons de pistolets à tir.

N° 622.—M. VANDENBROECK, Dominique, à Bruxelles.
(Brabant.)

a.   Un cadre en bois doré, avec glace.

b-c.   Douze galeries dorées, pour rideaux de fenêtres.

d.   Un cadre en bois doré, pour portrait,

N° 623. — Mlle GOSSELIN, Célestine, à Bruxelles.
(Brabant.)

a-c.   Trois tables en laque de Chine.

N° 624. — MM. BIONDETTI, père et fils, à Bruxelles.
(Brabant.)

a-b.   Deux appareils orthopédiques complets.

c.   Deux corsets   id.

d.   Quatorze bandages herniaires.

e.   Une main mécanique.

f-g.   Deux bandages, dont un pour hernies.

h.   Un modèle de jambe artificielle.

N° 625. — M. VANMOER, Henri, à Bruxelles.
(Brabant.)

Objets de tabletterie : touches de pianos, manches de

couteaux, cercles pour clarinettes, peignes d'ivoire,
billes de billard, etc.

N° 626. — MM. DELREZ et LOUPART, à Liége.
(Liége.)

a.   Cinquante-six plaques pour tambour, volant, etc.
b.   Un grand assortiment de rubans pour tam-
       bour, etc.
c.   Trente-deux colliers ordinaires et trente-deux col-
       liers pour métiers continus.

N° 627. — M. ROSEAU, A., à Poperinghe.
(Flandre occidentale.)

a-b.   Deux paires de bottes.

N° 628. — Mme VLECK, MARIE, épouse COMEYNE,
à Bruxelles.
(Brabant.)

Un corset.

N° 629. — M. ANGENOT fils, à Verviers.
(Liége.)

a.   Le portrait et l'éloge du général Jardon.
b.   Un essai calligraphique.
c.   Le credo.

N° 630. — M. MARYN, JOSEPH, à Bruxelles.
(Brabant.)

Une garniture de harnais, platinée.

N° 631.   M. VANDERHECHT, ÉDOUARD, à Bruxelles.
(Brabant.)

Un appareil, dit parachute des mines, pour arrêter le
cuffat, en cas de rupture du câble susponseur.

Nᵒ 652. — M. DERAMANT, Joseph, à Loo.
(Flandre occidentale.)

Une bottine, pour homme.

Nᵒ 655. — Mᵐᵉ MALCORPS, à Louvain.
(Brabant.)

Un tilbury-télégraphe.

Nᵉ 654. — M. FUSENOT, Charles, à Bruxelles.
(Brabant.)

a.   Un modèle de waggon à l'épreuve des déraille-
         ments sur les chemins de fer.
b.   Un pistolet de salon, breveté.
c.   Balles de pistolet de salon.

Nᵒ 655. — M. CERF, Victor, à Bruxelles.
(Brabant.)

a-b.   Balais et brosses.

Nᵒ 656. — M. FOURNEL, Alexandre, à Bruxelles.
(Brabant.)

a-c.   Quatre pièces bayes, dont deux bleu de cuve, une
         garance et une écarlate.
d-e.   Trois paquets de laine filée, dont deux bleu de
         cuve et un écarlate.

Nᵒ 657. — M. COSMAN, Sigefroid, à Bruxelles.
(Brabant.)

a.   Dix-neuf douzaines et sept paires de gants en
         peau de chevreau.
b.   Soixante-cinq paires de gants paille, coupés et
         non cousus.
c.   Deux douzaines et demie de gants en peau de che-
         vreau.

N° 638. — M. ANCHEVAL et HOLVOET, à Namur.
(*Namur.*)

a-b. Quatre échantillons de céruse et un échantillon de blanc d'écaille.

N° 639. — M. CHAUMONT, MICHEL-JOSEPH, à Liége.
(*Liége.*)

a. Un fusil à double canon.
b. Un fusil de chasse à double canon.
c. Une paire de pistolets de tir.
d. Un pistolet à 18 coups.

N° 640. — M. BERLEMONT-DELVAUX, PIERRE, à Bruxelles.
(*Brabant.*)

a. Douze pièces orléans, de différentes couleurs.
b. Cinq id. orléans, jacquart, de divers dessins.
c. Quinze id. paramatta, de différentes couleurs et qualités.
d. Une id. thibet, de différentes couleurs.
e. Deux id. machaire.
f. Une pièce fantaisie à carreaux.

N° 641. — M. DECLERCQ et Cᵉ, à Baudour.
(*Hainaut.*)

Porcelaines.

N° 642. — M. BERLEMONT-REY, à Bruxelles.
(*Brabant.*)

a. Cinquante-trois pièces d'indiennes de différents genres.
b. Dix-huit pièces de jaconas imprimé.

No 643. — M. VANDEROOST, Michel, à Bruxelles.
(*Brabant.*)

a-c.   Une botte; un soulier imperméable; six paires de formes de bottes.

No 644. — M. LAURENT, Auguste, à Châtelineau,
(*Hainaut.*)

Une balance-bascule, avec ses poids.

No 645. — M. COSTERMANS, Jean, à Bruxelles.
(*Brabant.*)

a.   Un garde-feu, en cuivre.
b.   Un feu ouvert, en fer.
c.   Une fourneau dit cuisinière, en fer.

No 646. — M. WEIL BARENHART et Cᵉ, à Anvers.
(*Anvers.*)

a-d.   Un volant, une dentelle, une barbe, et une berthe, application de mousseline.
e.   Une écharpe, application de tulle sur réseau.
f.   Deux cols mousseline à plumetis.

No 647. — M. PIRENET, Joseph, à Bruxelles.
(*Brabant.*)

Gants et peaux mégissées.

No 648. — M. MARCHAIS, Jean-René, à Bruxelles.
(*Brabant.*)

Quinze rouleaux de papiers à meubler.

No 649. — M. VANTRUYEN, Pierre, à Ixelles.
(*Brabant.*)

Une redingote, corsage sans couture.

Nᵒ 650. — M. JACQUOT, FRANÇOIS, à Bruxelles.
(*Brabant.*)

a.   Treize chapeaux en feutre et en soie, pour hommes.
b-c. Une forme de chapeau articulée, et un formillon mécanique en cuivre.
d.   Une pompe à incendie, à soufflet hydraulique.
e.   Une pompe pour jardinier, même système.
f.   Une pendule dite surveillante.
g.   Une machine à cambrer les tiges de bottes.
h.   Cinq bocaux de couleurs broyées.
j.   Un échantillon de cuir de semelle comprimé.
k.   Échantillons de cartons et papiers faits avec des rognures de cuir.

Nᵒ 651. — M. ARIX, LÉOPOLD, à Courtray.
(*Flandre occidentale.*)

Un billard.

Nᵒ 652. — M. TROUPIN, J. L., à Verviers.
(*Liége.*)

Une tondeuse lewis, pour finir le drap extra-fin.

Nᵒ 653. — M. TROUPIN, J. P., à Verviers.
(*Liége.*)

a.   Huit lames, pour tondeuses longitudinales.
b.   Quatre lames lewis, pour tondeuses.
c.   Deux tables élastiques, pour tondeuses, en acier fondu.
d.   Six lames mâles triangulaires, pour tondeuses.

Nᵒ 654. — M. GILLET, ÉVRARD, à Bruxelles.
(*Brabant.*)

a.   Une boîte double, à graisse.

b.   Une boîte simple.

N° 655. — M. MONSEU, J., à Haine-Saint-Pierre.
(Hainaut.)

a-dd.   Récipients, tuyaux et pipes en grès; robinets, ter-
rines, cruches, briques et tuyaux.

N° 656. — M. PARENT, FLORIMOND, à Bruxelles.
(Brabant.)

a.   Jeux de cartes.
b.   Répertoire des plantes utiles et des plantes véné-
neuses, 2 vol.
c.   Journal d'horticulture pratique, 4 vol. et 4 livraisons.
d.   Code constitutionnel de la Belgique, 1 vol.
e.   L'étranger dans Bruxelles, 1 volume.
f.   Principes élémentaires d'agriculture, 1 vol.
g.   Quatre feuilles d'un album de pomologie.

N° 657. — M. FLORENCE, JOSEPH, à Namur.
(Namur.)

a.   Un piano à queue.
b-c.   Deux pianos-buffets.

N° 658. — M. DEBEAUNE, ULRIC, à Jemmapes.
(Hainaut.)

a.   Un humecteur, appareil destiné à humecter toute
espèce de grains.
b.   Modèle d'une couple de meules, avec application
d'un mode particulier d'insufflation d'air.

N° 659. — MM. VERBIST frères, à Bruxelles.
(Brabant.)

a.   Une cheminée en marbre blanc.

b. Une cheminée en marbre vert de mer.
c. Id. id. sculptée.

N° 660. — M. SMITS, ADRIEN, à Bruxelles.
(*Brabant.*)

Une porte cochère.

N° 661. — M. PISSOORT, JOSEPH, à Molenbeek-Saint-Jean.
(*Brabant.*)

a. Seize pièces d'ornements, pour garniture de poêles.
b. Quatre matrices, en fer de fonte, à l'usage des orfèvres.

N° 662. — MM. VANDEMERGHEL et Cᵉ, à Courtray.
(*Flandre occidentale.*)

Trois peignes à tisser.

N° 663. — M. DUJARDIN, CONSTANT, à Courtray.
(*Flandre occidentale.*)

a. Deux stores, dessins divers.
b. Une nappe d'autel.
c.-f. Huit douzaines et demie de serviettes, et nappes.

N° 664.—MM. VANACKERE et PAREIT, à Wevelghem.
(*Flandre occidentale.*)

Quatorze pièces de mouchoirs de batiste.

N° 665. — M. PARMENTIER, PIERRE, à Iseghem.
(*Flandre occidentale.*)

a-b. Quinze pièces de toile, dont onze écrues.

c-e.   Treize pièces de mouchoirs, dont deux de batiste, dix de toile blanche, et une écrue.

N° 666. — M. FEYS, FIDÈLE, à Lendelede.
(Flandre occidentale.)

a-b.   Deux pièces de toile de lin, l'une écrue, l'autre blanchie.

N° 667. — M. AERTS, FRANÇOIS, à Saint-Trond.
(Limbourg.)

Un tabernacle sculpté en bois, avec application en mastic artificiel.

N° 668. — M. VANOUCHE, EDELBERT, à Horrues.
(Hainaut.)

Modèle d'un moulin à farine, mû par un cheval.

N° 669. — M. TOUCHE-GILLÉS, à Anvers.
(Anvers.)

a.   Deux blocs de savon d'Anvers.
b.   Vingt et une briques de savon, de différentes qualités.
c.   Un bocal de savon blanc, mou.
d.   Une bouteille d'eau de Cologne.
e.   Une malle contenant un assortiment de parfumeries pour l'exportation.

N° 670. — M. WIEMÈS, PIERRE, à Molenbeek-Saint-Jean.
(Brabant.)

a.   Une machine à vapeur, de la force de trois hommes.
b.   Une machine à vapeur de fantaisie.

N° 671.—M. COURTECUISSE, François, à Bruxelles.
(*Brabant.*)

a-l. Reliures.

N° 672. — M. DECOCK, Charles, à Bruxelles.
(*Brabant.*)

Une croix pour tombeau, en bois d'ébène.

N° 673. — M. COVENS, Jean-Baptiste, à Bruxelles.
(*Brabant.*)

a-s. Dix-huit selles de différentes qualités : selles pour hommes, femmes et enfants.

N° 674. — M. OBACH, Norbert, à Bruxelles.
(*Brabant.*)

a. Une balance à bascule, de la force de 2,000 kilogrammes.
b-c. Deux balances de cuisine.
d-e. Deux id. de comptoir.
f-g. Deux id. pour peser les objets longs et flexibles.

N° 675. — ATELIER-MODÈLE, à Gand.
(*Flandre orientale.*)

a. Douze serviettes en coton.
b. Une pièce de tissu de coton piqué et broché.
c. Vingt-neuf mouchoirs en fil de lin.
d. Deux pièces d'étoffe pour pantalons.
e. Une id. de batiste, filée à la main.
f. Deux id. de toile, dite du Nord, pour robes.
g. Une id. étoffe à matelas.
h. Une id. de toile en fil filé à la main.
j. Une id. fil mécanique.

k. Échantillons de fils, n°ˢ 65, 85, 100, 110, 130,
    150, 200, 220, 250, 300.

l. Trois pièces d'étoffe à meubler.

m. Une id. satin demi-laine pour robes.

n. Deux id. d'orléans.

o. Une id. de sept châles, satin demi-laine.

p. Une id. paramatta.

N° 676. — M. HEGER, JULES, à Bruxelles.
(*Brabant.*)

a-c. Trois cadres contenant les 1ʳᵉ, 2ᵉ et 3ᵉ livraisons
des Fastes historiques de la Belgique. (*Typographie* AD. WAHLEN ET Cᵉ.)

N° 677. — M. DUBOIS, CHARLES, à Bruxelles.
(*Brabant.*)

Paysage artificiel et oiseaux empaillés.

N° 678. — M. BEELS, ADOLPHE, à Bruxelles.
(*Brabant.*)

Savon de toilette.

N° 679. — M. THÉMAR, THOMAS, à Bruxelles.
(*Brabant.*)

Instruments de mathématiques, montés en dents d'hippo-
potame.

N° 680. — M. VERLEYE, JEAN-BAPTISTE, à Bruxelles.
(*Brabant.*)

Dix cannes sculptées.

N° 681. — M. RENKIN, HENRI, à Liége.
(*Liége.*)

a-k. Dix fusils à arrêt de sûreté.

l.   Un fusil de combat, marocain.

m.   Un pistolet de tir à arrêt de sûreté.

N° 682.—SOCIÉTÉ DES BEAUX-ARTS; vice-président, M. DEWASME-PLETINCKX, à Bruxelles.
(Brabant.)

a.   La Terre Sainte, vol. in-folio, illustré.

b.   Monuments anciens de la Belgique, vol. in-folio.

c.   Le livre d'or des familles, un vol. in-8°.

N° 683. — M. PICARD, EDMOND, à Bruxelles.
(Brabant.)

Un assortiment de papier doré et velouté de différents dessins, de papier rayure à la mécanique, et de papier commun.

N° 684. — M. STOEFS, JOSSE, à Bruxelles.
(Brabant.)

a.   Quatre-vingt boîtes de savon, parfumé à différentes essences.

b.   Soixante paquets de savon parfumé, dit de Windsor.

c.   Soixante et douze briques de savon de ménage, de différentes qualités.

N° 685. — M. LEROY, MICHEL, à Bruxelles.
(Brabant.)

Une toile de matelas.

N° 686. — MM. DURAY-DUCHAINE et Cᵉ, à Court-Saint-Étienne.
(Brabant.)

a-f.   Six paquets de fil de coton, de Surate.

*10

g.   Un paquet de fil de coton, chaîne doublée, n° 42 de Géorgie

h.   Un paquet n° 82 de fil de coton d'Égypte.

N° 687. — M. CORYN, Philippe, à Bruxelles.
(Brabant.)

Un berceau en acier poli.

N° 688. — M. STADELEER, Guillaume, à Bruxelles.
(Brabant.)

a.   Un piano-buffet, grand format.
b.   Un   id.   format ordinaire.
c-d.   Deux   id.   petit format.

N° 689. — M. SIMON, Joseph, à Bruxelles.
(Brabant.)

a-m.   Douze pièces de cotonnettes de divers dessins.
n-q.   Quatre coupons de cotonnettes pour mouchoirs de poche.

N° 690. — M. SIERON, Louis, à Bruxelles.
(Brabant.)

Un assortiment de clous, dits pointes de Paris.

N° 691. — M. DANSAERT, Antoine, à Bruxelles.
(Brabant.)

Un assortiment d'objets en dentelle, en application de Bruxelles et en Valenciennes.

N° 692. — M. FRANCOTTE, Clément, à Liége.
(Liége.)

a.   Trois planches en cuivre rouge.
b.   Trois feuilles de laiton.

c.   Deux planches en argent neuf ou de Berlin.

d.   Un fond de chaudière, en cuivre rouge, battu.

e.   Quatre chaudrons en laiton.

f.   Une barre en cuivre rouge battu, poli.

g.   Deux tubes en laiton.

h.   Treize bottes fil de cuivre. laiton et argent neuf.

i-k.   Épingles et agrafes, en laiton argenté.

N° 693. — MM. ROY-DUCHAINE et Cᵉ, à Bruxelles.
(Brabant.)

Sept objets en dentelle, application de Bruxelles.

N° 694. — M. BRUNFAUT, ERNEST, à Tournay.
(Hainaut.)

a-b.   Deux siéges inodores.

N° 695. — MM. VANLINTHOUT et VANDENZANDE,
Imprimeurs à Louvain.
(Brabant.)

a.   Chrestomathia rabbinica et chaldaïca, 5 vol.

b.   Chefs-d'œuvre de l'éloquence française, 1 v. in-8°.

c.   Vaderlandsche historie, 2 vol.

d.   Poésies, 1 vol.

e.   Aux femmes, 1 vol.

f.   La prière civique, 1 vol.

N° 696. — M. HANSSENS-HAP, BENOIT, à Vilvorde.
(Brabant.)

a.   Linge damassé en fil, 16 services ou 162 couverts.

b.   Deux douzaines de serviettes fines.

c.   Une demi-douzaine de serviettes armoriées.

d.   Une douzaine et demie d'essuie-mains.

e.   Service damassé, six services de huit couverts.

f. Treize nappes pour déjeuners, de différentes qualités.

g. Six douzaines de serviettes à frangés, pour déjeuner.

h. Quatorze toiles à matelas.

j. Une nappe et six serviettes, aux armoiries de M. le comte de Villermont.

k. Cinquante-quatre garnitures de canapés, chaises et fauteuils en étoffe de crin.

l. Quatre pièces de crinoline, de différentes qualités.

m. Douze cabas en étoffe de crin noir et de couleur.

n. Vingt-quatre nattes en soie de porc, en aloès et en filasse de coco.

o. Douze tapis de table.

N° 697. — M. THIELENS-JANSSENS, à Tirlemont.
(*Brabant.*)

a. Neuf échantillons de colle-forte.

b. Cinq bocaux de produits chimiques, consistant en huile et graisse.

N° 698. — M. BOULLE, JOSEPH, à Bruxelles.
(*Brabant.*)

Un assortiment de peignes, en corne de buffle, écaille, et imitation d'écaille.

N° 699. — M. D'ARCHE, VICTOR, à Bruxelles.
(*Brabant.*)

a-c. Trois canons d'autel, gothiques, faits à la main.

d. Un missel gothique, fait à la main.

e. Fac-simile de blasons et écriture du XVIᵉ siècle avec deux oraisons du XIIIᵉ siècle.

N° 700. — M. LIELENS, Guillaume, à Bruxelles.
(*Brabant.*)

Une voiture dite drowski.

N° 701. — M. VIVARIO-PLOMDEUR, Nicolas, à Liége.
(*Liége.*)

a.   Une paire de pistolets de tir, montés en ivoire.
b-c.   Deux fusils doubles.
d   Un   id. double, modèle de Prague.
e-f.   Deux id. doubles, modèle anglais.
g.   Une paire de pistolets, montés en ébène.
h.   Une paire de pistolets miniature.
i.   Un pistolet de salon.
k.   Un fusil à quatre coups.
l.   Un   id. double, système Lefaucheux.
m.   Une carabine suisse.
n.   Un pistolet de salon.
o.   Une paire de pistolets de poche, avec platine.
p.   Une paire   id.   demi-arçon.
q-r.   Deux mousquets.
s.   Un mousquet d'enfant, modèle français.
t.   Une carabine avec poignard, modèle russe.
v-x.   Deux fusils doubles à pierre, et deux fusils dou-
            bles à piston.
y.   Vingt-huit fusils simples, modèles divers.
z.   Sept pistolets d'arçon à pierre et à piston.
aa.   Deux cartes avec 51 modèles de pistolets de
            poche.

N° 702. — M. JANSEN, Adolphe, à Bruxelles.
(*Brabant.*)

a-c.   Trois fusils de chasse, à deux coups.

d-f.   Trois carabines, dont une à deux coups.

g-j.   Trois paires de pistolets.

k-l.   Deux cibles indicatrices.

m.   Une épée.

n.   Un couteau de chasse.

o.   Un fusil de chasse, genre Louis XV.

p-q.   Deux couteaux de chasse.

r-t.   Une carabine de salon, un pistolet et un fusil.

Nº 703. — M. BERDEN, FRANÇOIS, et Cᵉ, à Bruxelles.
(Brabant.)

a.   Un piano en palissandre, à trois cordes.

b.   Un   id.   transpositeur.

c-e.   Trois   id.   à trois cordes.

Nº 704. — M. DEHESSELLE, J., à Thimister.
(Liége.)

Quarante-sept pièces de flanelle.

Nº 705. — M. GOIS, JEAN-JOSEPH, à Ixelles.
(Brabant.)

Un assortiment de vingt-neuf objets de taillanderie.

Nº 706. — M. ROBYT, LOUIS, à Bruxelles.
(Brabant.)

Une écharpe, une berthe, et une paire de manchettes, en dentelle guipure.

Nº 707. — MM. SEMET, LOUIS, et Cᵉ, à Marcinelle.
(Hainaut.)

a.   Une brique de four.

b-d.   Trois briques de four d'usine à gaz.

e-f.   Deux   id.   d'étalage de hauts fourneaux.

N° 708.—MM. LIEUTENANT et PELTZER, à Verviers.
(Liége.)

a-b. Huit pièces de drap noir.
c. Une pièce castorine noire croisée.
d. Deux id. castor.
e. Trois id. drap de distinction pour l'armée.
f. Neuf id. satin noir.
g. Vingt-cinq pièces d'étoffe d'été.
h. Une id. satin mode.
j. Deux pièces tweeds d'été.
k. Quatre id. étoffe d'hiver.

N° 709 — M. OSCÉ, François, à Bruxelles.
(Brabant.)

a-c. Un assortiment d'instruments de chirurgie.
d. Appareils d'orthopédie et bandages herniaires.

N° 710. — SOCIÉTÉ ANONYME POUR LA FABRICA-
TION DES SOIERIES; directeurs, MM. DUYSTERS
et EHRLICH, à Lierre.
(Anvers.)

a. Vingt-deux pièces gros grain pou-de-soie et gros
de Naples.
b. Deux id. cravates noires et de fantaisie, en soie.
c. Six id. levantine, glacée et noire.
d. Neuf id. taffetas.
e. Six id. pékins glacés et noirs.
f. Six id. brocart et damas.
g. Treize id. satin pour gilets et robes.
h. Cinq id. serges.
j. Quatre id. royales.
k. Une id. marceline.

l.   Six pièces velours ottoman.

m.   Deux   id.   satin pour écharpes.

n.   Une   id.   armoriée, en satin blanc.

N° 711. — M. CALLOU-CAMMAERTS, à Bruxelles.
(*Brabant.*)

a.   Un assortiment de tissus en crin brochés et damassés en soie.

b.   Crinoline pour sous-jupe, façon gaze.

c.   Tricots crinoline pour tailleurs.

d.   Étoffés en crins satinés pour casquettes.

e.   Étreindelles en crin pour moulins à huile et presses, avec tissus en laine, dit Morfil.

f.   Sacs à raisins sans couture.

g.   Nattes anglaises de différentes sortes.

N° 712. — M. LIÉVAIN, Louis, à Malines.
(*Anvers.*)

Dix chapeaux en feutre et en soie, de diverses qualités.

N° 713. — MM. KAUWERTS, Pierre et Ce, à Bruxelles.
(*Brabant.*)

a.   Cent dix-sept châles, dits tartans, de différentes qualités et grandeurs.

b.   Dix-neuf pièces d'étoffe mi-laine-pour pantalons.

c.   Cinq   id.   id.   pour gilets.

d.   Quinze   id.   cachemirienne.

e.   Deux   id.   thibet écossais.

f.   Cinq   id.   étoffe dite hibernia, pour gilets.

N° 714. — MM. HOEBERECHTS, Lambert et fils, à Bruxelles.
(*Brabant.*)

a-b.   Deux pianos-buffet, en palissandre.

N° 715. — M. BRUX, THÉODORE, à Bruxelles.
(Brabant.)

Une bourse, soie et or.

N° 716. — M. LAMBOTTE, NICOLAS, à Saint-Josse-ten-Noode.
(Brabant.)

Un tableau en marqueterie, représentant la façade du palais du Luxembourg.

N° 717.—M. WOUWERMANS, JOSSE, aîné, à Bruxelles.
(Brabant.)

a.   Neuf échantillons de bleu d'azur.
b.   Neuf   id.   id.   minéral.
c.   Dix   id.   de vernis.
d.   Un appareil inodore.

N° 718. — M. DE BACKER, J.-J., à Braine-le-Château.
(Brabant.)

a.   Quatre paquets de fil de coton, chaîne n° 33, en Mobile.
b.   Quatre id.   id.   n° 40, id.
c.   Quatre id.   trame   n° 60, en Louisiane.
d.   Quatre id.   chaîne n° 60, en Égypte.
e.   Quatre id..   trame n° 87, en Égypte.

N° 719. — M. IDIERS, J.-H., à Auderghem.
(Brabant.)

a.   Vingt-quatre paquets de coton filé, teint en rouge d'Andrinople, palliaca violet et lilas grand teint.
b.   Vingt paquets de coton filé, nuances diverses.

N° 720. — M. DELDIME, Louis, à Bruxelles.
(Brabant.)

a.   Une cheminée en marbre noir, mosaïque.
b.   Une   id.   id.   blanc, genre Louis XV.
c.   Une   id.   id,   vert antique.

N° 721. — M. CASTAIN, à Binche.
(Hainaut.)

Une voilette et différents dessins en dentelle.

N° 722. — M. OTLET-DUPONT, Joseph, à Bruxelles.
(Brabant.)

a.   Une pièce de toile blanche, de trois aunes de lon-
          gueur.
b.   Une id. paramatta, double croisé.
c.   Une id. orléans.

N° 723. — M. GODART, Charles, à Molenbeek-Saint-
Jean.
(Brabant.)

Un échantillon de céruse.

N° 724. — M. GUILMOT, Valentin-Joseph, à Bruxelles.
(Brabant.)

a.   Rouleaux de papier brut pour tenture.
b.   Un rouleau de papier pelure.

N° 725. — M. DEPOORTER aîné, Charles, à Bruxelles.
(Brabant.)

a.   Tissus de laine : six pièces damas.
b.   Deux pièces mérinos de France.
c.   Une   id. drap noir dit zéphyr.
d.   Une   id. plaids.

e.   Une pièce mousseline laine.

f.   Soie : deux pièces de satin.

g.   Une pièce taffetas.

h.   Lin : six pièces de toile, coutil, etc., damassés.

j.   Coton : cinq pièces.

k.   Trois tapis, et une carpette en laine, façon Smyrne.

l.   Deux tapis de pied.

m.   Un assortiment de rubans et de galons.

n.   Un assortiment de bretelles, jarretières, lacets, etc.

o.   Un   id.   contenant des fils de soie teints.

p-s.   Quatre métiers à tisser.

N° 726. — M. THEUNISSENS, FRANÇOIS, à Bruxelles.
(*Brabant.*)

a-b.   Deux poêles en tôle, à houille et à bois.

N° 727. — M. ALEX, I. à Bruxelles.
(*Brabant.*)

Dents artificielles, et préparations anatomiques.

N° 728. — M. PIERRE, GUSTAVE, à Bruxelles.
(*Brabant.*)

Une pompe foulante.

N° 729. — M. VANDENBROECK, EMMANUEL, à Lokeren.
(*Flandre orientale.*)

Une échantillon d'amidon.

N° 730. — M. TAHY-PESTIAUX, à Rance.
(*Hainaut.*)

Une cheminée en marbre blanc, genre renaissance.

N° 731. — M. CAUTAERTS, Jean, à Bruxelles.
(*Brabant.*)

Six cordes de boyaux, à l'usage des mécaniques.

N° 732. — M. LOTH, Charles-Albert, à Koekelberg.
(*Brabant.*)

Un poêle en faïence blanche.

N° 733. — M. WALKIERS-DEVADDER, à Bruxelles.
(*Brabant.*)

Soixante pièces de tissus de laine, impressions diverses,
pour châles et écharpes.

N° 734. — M. BREGERE, dit Sénéchal, Paul, à
Bruxelles.
(*Brabant.*)

a.   Une table incrustée.
b.   Deux secrétaires incrustés.

N° 735. — M. le baron DECARTIER D'YVE, à Namur.
(*Namur.*)

Cent vingt échantillons de minerais, et cent vingt
échantillons de fer de fonte, provenant de quarante-
neuf communes de l'arrondissement de Philippe-
ville.

N° 736. — M. DESCHIROS, Adolphe, à Bruxelles.
(*Brabant.*)

a-b.   Deux perruques.
c.   Un appareil métallique pour prendre la mesure
des perruques.

N° 737. — M TEMPELS, DANIEL, à Bruxelles.
(*Brabant.*)

a-c.   Un billard en palissandre incrusté, un canapé et
        un fauteuil.
d-f.   Un lit de camp, un bureau de dame et un prie-
        Dieu.

N° 738. — M. MARYNEN-VUES, à Turnhout.
(*Anvers.*)

a-q.   Seize pièces de coutil, de différentes qualités,
        en fil.
r-u.   Quatre pièces en coton, imitation de coutil fil.
v-w.   Deux   id. fil et coton.

N° 739. — Mᵐᵉ ROMBOUTS, P., à Bruxelles.
(*Brabant.*)

a.   Un mouchoir en dentelle de Bruxelles, point à
        l'aiguille, destiné à la Reine d'Espagne.
b.   Une écharpe en plat, application sur tulle réseau.
c.   Un volant   id.   id.   id.
d.   Une voilette en point   id.   id.
e.   Une id.   en plat   id.   id.
f.   Trois mètres en point   id.   id.
g.   Trois id. en plat   id.   id.
h.   Trois id. en plat   id.   id.
j.   Un col et des manchettes en point guipure.

N° 740. — M. MICHIELS, HENRI, à Bruxelles.
(*Brabant.*)

Un harnais complet.

N° 741. — M. NAUDIN, Léon, à Bruxelles.
(*Brabant.*)

a-c.   Ouvrages en cheveux.

N° 742. — M. BRENTA, Dominique, à Anvers.
(*Anvers.*)

Un arbre artificiel, avec oiseaux empaillés.

N° 743. — M. VERDOODT, Henri, à Bruxelles.
(*Brabant.*)

a.   Une chaise en palissandre, dite chauffeuse, sculptée.
b.   Une chaise de fantaisie, sculptée.
c.   Un fauteuil-gondole   id.

N° 744. — M. VERMEIREN, Corneille, à Bruxelles.
(*Brabant.*)

a.   Une baignoire économique, zinc et cuivre.
b.   Une garde-robe inodore.

N° 745. — M. VAN HALLE, Joseph, à Anvers.
(*Anvers.*)

a.   Une chape brodée en or fin, rehaussée de pierres fines.
b.   Une dalmatique en or fin, rehaussée de pierres fines.
c.   Une chasuble en or fin, rehaussée de pierres fines.
d.   Un ornement complet en velours cramoisi, brodé en or fin.
e.   Une chasuble brodée en or fin.

f.   Une étole brodée en or fin, sur drap d'or fin.

g.   Une croix et colonne de chasuble, et un chaperon, brodés en or fin, sur drap d'or fin.

N° 746. — M. ARNOULD, PIERRE, à Bruxelles.
(Brabant.)

a.   Un poêle, à deux usages, pour feu ouvert et feu fermé.

b.   Un poêle à feu fermé, à bois et à houille.

N° 747. — M. DIEUDONNÉ, FÉLIX, à Ixelles.
(Brabant.)

Un fauteuil confortable.

N° 748. — MM. DUBOIS et Cᵉ, à Verviers.
(Liége.)

a-kk.   Trente-cinq pièces de drap, et étoffes de laine, pour habits et pantalons.

ll-uu.   Dix pièces de drap, et étoffes de laine pour habits, pantalons et gilets.

N° 749. — M. SMET, JOSEPH, à Bruxelles.
(Brabant.)

a.   Une pendule en marbre, avec figure en bronze.

b.   Une paire de coupes en marbre.

N° 750. — Mᵐᵉ MEUNIER, née HERIS, à Bruxelles.
(Brabant.)

a.   Six chaises en bois, genre gothique, peinture japonaise.

b.   Une table à jeu, bois noir, peinture japonaise.

c-d.   Deux tables, guéridons, bois noir, peinture japonaise.

e.   Une table, peinture chinoise en relief.

f.   Une étagère, peinture japonaise.

g-h.   Trois boîtes à thé, peinture chinoise.

i.   Trois vases en porcelaine, peinture japonaise.

N° 751. — M. VOGELSANGS, Jacques, à Bruxelles.
(Brabant.)

a.   Un piano à queue, grand format, à échappement double, en palissandre.

b.   Un piano, id.

c.   Un piano droit, bois noir, à 6 octaves et demie, orné.

d.   Un id. en palissandre, avec moulures.

e.   Un id. à six octaves et demie, en palissandre.

f.   Un id. à deux cordes, en palissandre.

N° 752. — M. FABER, Emmanuel, à Bruxelles.
(Brabant.)

a.   Une paire de grands vases en porcelaine dorés, forme ancienne.

b.   Une paire de grands vases, forme Médicis, bleu grand feu, avec peintures et décors.

c.   Un service de dessert décoré, forme nouvelle.

d.   Fragment d'un balcon, commandé par M. de Bériot.

e.   Une jardinière suspendue, forme nouvelle.

f.   Un assortiment complet d'objets en porcelaine blanche.

N° 753. — M. VANDENHAUTE, Denis, à Gand.
(Flandre orientale.)

Une machine destinée à chauffer les serres par la vapeur

et l'eau chaude, à arroser ou humecter les plantes, et
entretenir une chaleur douce, égale et continue.

N° 754. — M. VAN GELDER, J.-B., à Bruxelles.
(Brabant.)

a-f. Six pièces de coutil blanc, grande largeur, de
différentes qualités, pour corsets.
g. Dix-huit pièces de mouchoirs, fil de lin blanchi.
h. Deux id. id. fil écru.

N° 755. — M. ELIART-COOLS, à Alost.
(Flandre orientale.)

a-b. Fils de lin.

N° 756. — Mme ARENTS-VANDEN MERSCH, à Alost.
(Flandre orientale.)

Huit coupes de dentelles, dite de Valenciennes.

N° 757. — M. MEGANCK, E., à Kercxken.
(Flandre orientale.)

Trois pièces de toile damassée.

N° 758. — MM. VAN MELDERT, frère et sœur, à Haeltert.
(Flandre orientale.)

Trente-six mètres de toile écrue.

N° 759. — MM. ROELANDTS, frères, à Kercxken.
(Flandre orientale.)

Une nappe damassée.

N° 760. — M. MONGON, JEAN-BAPT., à Bruxelles.
(Brabant.)

a, Deux seaux en fer galvanisé.

b.   Deux formes de pain de sucre, en fer galvanisé.
c.   Une platine, à côtes et cannelures, pour toiture, id.
d.   Une id.   pour plate-forme, id.
e.   Deux tuyaux pour le gaz, id.
f.   Clous et crampons, id.
g.   Cinq tuyaux de divers diamètres, id.
h.   Deux chéneaux.

N° 761. — M. LEFEBVRE, Eugène, à Ixelles.
(Brabant.)

Une horloge de clocher.

N° 762. — MM. VAN ELEWYCK et BRAIN, à Molenbeek-Saint-Jean.
(Brabant.)

a.   Une machine à rogner le papier.
b.   Une petite machine à vapeur.

N° 763. — M. VANNESTE, Jean-Bapt., à Bellighem.
(Flandre occidentale.)

a.   Une pièce étoffe de laine, dite *lasting*.
b-l.   Dix pièces étoffe de laine et de coton.

N° 764. — M. HAESER, Laurent, à Bruxelles.
(Brabant.)

Deux modèles d'essieux à enveloppes.

N° 765. — M. DU CORNEY, à Ypres.
(Flandre occidentale.)

Modèle d'un tonneau à compartiments.

N° 766. — M. MAHIEU, Amand, à Ypres.
(Flandre occidentale.)

Une baratte.

N° 767. — M. POLLEY, P., à Ypres.
(Flandre occidentale.)

a-c.   Cuirs.

N° 768. — M. VAN EECKE, A., à Comines.
(Flandre occidentale.)

Cuirs.

N° 769. — M. DELOBEL, B., à Messine.
(Flandre occidentale.)

Cuirs.

N° 770. — M. VANALLEYNNES-SCHOCKEEL, à Ypres.
(Flandre occidentale.)

Cuirs.

N° 771. — M. BRODIER-CHRISTIAENS, à Bruxelles.
(Brabant.)

Cristaux.

a.   Un service de table, composé :

1° D'une grande pyramide centrale, haute de 4 pieds, formant trois étagères et surmontée d'une couronne;

b-c.   2° De deux pyramides de côté ;

d.   3° De quatre coupes à fruits ;

e.   4° De quatre grands compotiers ;

f.   5° De quatre petits   id. ;

g.   6° De six carafes à eau ;

h.   7° De six   id.   à vin.

j.   Cinq échantillons de verres à eau et à vin.

k.   Deux verres d'eau, en cristal mat, composés d'un plateau, d'un sucrier, d'une carafe et de gobelets.

l.   Demi-cristal. Douze boules et tulipes taillées et
gravées pour lampes-carcels, gaz, etc.
(La matière première, cristal brut, provient de l'établissement de MM. Zoude et Cᵉ, à Namur.)

Nᵒ 772. — M. MARTIN, Jean-Bapt., à Bruxelles.
(Brabant.)

a.   Deux bouteilles de cirage-vernis.
b.   Deux bottes, l'une vernie, l'autre non vernie.

Nᵒ 773. — SOCIÉTÉ BELGE de TISSAGE MÉCANIQUE.
Directeur, M. Corr Vandermaeren, à Ixelles.
(Brabant.)

a-b.   Deux pièces damas laine, (produit du métier
c-d.   Deux   id.   toile à voiles, (De Poorter.

Nᵒ 774. — M. BLOMME-DEDEURWARDER, à Dixmude.
(Flandre occidentale.)

Une serrure de porte cochère, à secret.

Nᵒ 775. — M. PARMENTIER-IMBRECHT, à Rolleghem.
(Flandre occidentale.)

a-h.   Huit pièces d'étoffe de laine et coton pour pantalons.
j-k.   Cinq pièces de fil et coton pour pantalons.

Nᵒ 776. — M. LEE-VANNEUWENHUYZE, à Gheluwe.
(Flandre occidentale.)

Deux échantillons de lin non filé.

N° 777. — M. BILLIAU-LEGROU, à Messines.
(*Flandre occidentale.*)

a-b. Deux pièces de serviettes, à quatre dessins chacune.

N° 778. — M. DELTENRE-WALKER, Léonard,
à Laeken.
(*Brabant.*)

Divers échantillons de vernis et produits chimiques.

N° 779. — M. SCHAVEYE, P.-C., à Bruxelles.
(*Brabant.*)

Une collection de livres reliés, imitation des reliures usitées depuis l'année 1400 jusqu'à nos jours.

N° 780. — M. DE POORTER-ROFFIAEN, à Ypres.
(*Flandre occidentale.*)

a. Tuyaux en toile sans couture, à l'usage des pompes à incendie ; rubans à l'usage des fabriques de fil.
b. Un assortiment de mèches à lampes-quinquets, etc.
c. Un id. de rubans communs en fil et coton pur.
d. Un id. de rubans bleus.
e. Un id. de rubans communs, fil et coton.
f. Un id. de rubans blancs: fil et coton, et fil pur.
g. Un id. de rubans, pur fil et coton.
h. Un id. de rubans fins en couleur, fil et coton.
j. Un id. de rubans coutil, pour tirants de bottes et bretelles.

k.   Un assortiment de rubans blancs, fil et coton.

l.   Un   id.   de rubans laine, coton et fil.

m.   Un   id.   de rubans fil et coton, teints en
       indigo pur.

N° 781. — M. DAEMS-SCHOY, Joseph, à Bruxelles.
(*Brabant.*)

Cartes de visite lithographiées.

N° 782. — MM. CLAUS et CARON, J.-B., à Gand.
(*Flandre orientale.*)

Un grand lump; six pains de sucre dit royal patent;
huit morceaux de sucre; deux caisses sucre candi;
une petite caisse de sucre pilé, dit crushed.

N° 783. — M. GUNTHER, Jacques, à Bruxelles.
(*Brabant.*)

Un piano-buffet, en palissandre.

N° 784. — M. DEKEMMETER, Alexandre, à Molen-
beek-Saint-Jean.
(*Brabant.*)

a.   Quarante-huit paquets de bougies 1re qualité.
b.   Un   id.   2me id.
c.   Quatorze   id.
d-e. Douze cierges carrés et six cierges ronds.
f-h. Trois bouteilles d'huile industrielle.
j-k. Savon vert et brun.
l.   Briques de savon de différentes nuances.

N° 785. — M. BOUDIER, Auguste, à Molenbeek-
Saint-Jean.
(*Brabant.*)

a-b. Deux cuirs forts, façon buffle.

c-d. Deux peaux de veau mégissées pour havre-sacs.

N° 786. — M. SIRE-JACOB, Félix, à Bruxelles.
(*Brabant.*)

a-b. Ouvrages en cire.

c. Bougie filée.

d. Huit cierges de différentes grandeurs.

N° 787. — M. DESCRESSONNIÈRES, fabricant, à Molenbeek-Saint-Jean.
(*Brabant.*)

a. Savons de différentes qualités.

b. Id. de toilette.

d. Id. transparents.

N° 788. — MM. HIVER et MIGEOT, à Bruxelles.
(*Brabant.*)

a. Un groupe en carton-pierre, représentant la Descente de croix.

b-c. Un candélabre et une table en carton-pierre.

N° 789. — M. CATTEAUX-GAUQUIÉ, à Courtray.
(*Flandre occidentale.*)

a. Vingt-huit pièces d'étoffe pour pantalons, en coton, laine et coton, fil et coton.

b. Six   id. toile écrue, n° 3,600, 3,800 et 4,200, en fil à la mécanique.

c. Sept pièces toile écrue en lin de Courtray; la chaîne filée à la mécanique, et la trame filée à la main.

d. Treize pièces d'étoffes diverses, en fil, pour pantalons.

e. Quatre id. de batiste.

f-g.　　Quinze échantillons de fil, filé à la main.
h.　　Quinze pièces siamoise.
i.　　Huit　　id.　molleton de différentes nuances.
k.　　Deux　　id.　serge.
l.　　Une　　id.　mérinos noir.
m.　　Une　　id.　Orléans.

N° 790. — M. SIRE-JACOB, DANIEL, à Bruxelles.
(*Brabant.*)

a-b.　　Bougies en cire et bougies diaphanes.

N° 791. — M. BOUCNEAU, FRANÇOIS, à Rance.
(*Hainaut.*)

Un chambranle de cheminée en marbre blanc.

N° 792. — M. WAUTERS-KOECKX, à Molenbeek-Saint-Jean.
(*Brabant.*)

a.　　Un lit de fer.
b.　　Deux pilastres de rampe d'escalier, en fonte.
c.　　Cinq balustres　　id.　　en　id.
d.　　Deux chasse-rones, en fonte.
e.　　Un trou d'hourdage, sans charnière, en fonte.
f.　　Un　　id.　　avec charnière en fonte.
g-k.　　Deux taques; un petit châssis; deux gratte-pieds, et une croix funéraire, tous objets en fonte.

N° 793. — M. MALHERBE, PHILIPPE-JOSEPH, à Liége.
(*Liége.*)

a.　　Onze fusils d'infanterie, de modèles divers.
b.　　Un　　id.　breveté.
c.　　Cinq mousquetons de cavalerie.
d.　　Cinq pistolets.

e. Deux fusils de rempart.

f. Deux carabines d'infanterie légère.

g. Deux fusils de traite.

h. Deux nécessaires contenant chacun une carabine de luxe.

j. Deux id. - id. un fusil à double coup.

k. Trois id. id. une paire de pistolets de combat.

l. Sept fusils doubles de chasse.

m. Seize id. simples.

n. Vingt-quatre paires de pistolets d'arçon.

o. Deux nécessaires contenant des pistolets de poche.

p. Collection de cinquante-cinq paires de pistolets de poche.

N° 794.— Mme Ve SAFFRE, à Mouscron.
(Flandre occidentale.)

a. Dix pièces tissus de laine et coton.

b. Huit id. id. de fil de lin et coton.

c. Deux id. id. fil de lin.

d. Quatre id. id. de coton.

N° 795. — M. BROERMANN, FRANÇOIS-PIERRE, à Bruxelles.
(Brabant.)

a. Une tondeuse portative double.

b. Une id. simple.

N° 796. — M. SCHELSTRAETE, LOUIS, à Courtray.
(Flandre occidentale.)

Quarante-cinq pièces tissus de coton, fil et coton, laine et coton, pour pantalons.

N° 797.— M. LENOIR-DELAERE, L., à Roulers.
(Flandre occidentale.)

a-e.   Trois pièces de toile écrue et deux pièces de toile blanchie.

f.   Six pièces coutil façonné.

N° 798. — M. MATHYS, Jean, à Bruxelles.
(Brabant.)

a.   Un encadrement de feu ouvert, en acier fondu.

b.   Un poêle de salon, en tôle, à feu ouvert.

c.   Un poêle, garni de porcelaine et de cuivre.

d.   Un id. mobile,

e-f.   Cinq poêles.

k-l.   Deux coffres-forts.

m.   Trois bascules de fenêtres.

N° 799. — M. MENANT, Louis, à Gand.
(Flandre orientale.)

Une croisée à la François Ier, ornée de tentures vénitiennes.

N° 800. — M. SCHMIDT-FROIGNU, Pierre, à Binche.
(Hainaut.)

Quatre briques de savon.

N° 801. — M. DUCHATEAU, Désiré, à Bruxelles.
(Brabant.)

Une turbine hydraulique, à palettes mobiles suspendues.

N° 802. — M. FRETIGNY, L., à Gand.
(Flandre orientale.)

a.   Quatre pièces satin laine.

b.   Quatre id. alpaga, chaîne coton.

c. Huit pièces damas laine.
d. Vingt tapis laine et coton.
e. Trois portières vénitiennes, laine et soie.
f. Vingt et un châles, satin, laine et coton.
g. Neuf écharpes brochées.
h. Trois fichus brochés, laine et soie.
i. Soixante serviettes de coton.
k. Deux nappes   id.
l. Quatre jupons piqués à cordes, à une trame.
m. Quatre courtes-pointes d'enfants, de différentes qualités.
n. Quatre pièces damas, coton et damas, laine et coton.
o. Quatre pièces percale brochée (genre anglais). Tissus faits à la maison de force:
p. Treize châles carrés et tartans rayés en coton;
q. Cinq peignoirs avec bordures en soie et coton rouge;
r. Six serviettes   id.
s. Un métier à la jacquart, perfectionné pour la fabrication des châles cachemires.
t. Cinq pièces d'étoffe laine, et laine et soie.

Nº 803. — M. MATHIEU, à Namur.
(Namur.)

Une voiture dite américaine.

Nº 804. — M. RENAULT, F.-A., à Gand.
(Flandre orientale.)

Une jupe en coton.

N° 805. — M. DECOCK-WATTRELOT, à Roulers.
(Flandre occidentale.)

a.   Quatorze pièces de toile écrue.

b.   Sept   id.   id.   fil blanchi avant le tissage.

c.   Huit   id.   id.   id.   après le tissage (genre irlandais.)

d.   Deux pièces de linge de table damassé.

e.   Une   id.   meuble damassé.

f.   Deux   id.   mouchoirs, fil blanchi.

g.   Six coupons d'étoffe à pantalons, en fil.

h.   Trois pièces de toile bleue.

j.   Deux   id.   id.   rayée.

k.   Trois   id.   orléans noir uni.

l.   Deux   id.   pour robe en fil.

m.   Treize   id.   pour robe, toile du Nord.

n.   Huit   id.   étoffe laine et coton, et pure laine.

o.   Deux   id.   soie et poil de chèvre.

p.   Dix   id.   étoffe de fantaisie, pour robe, soie et laine.

q.   Deux   id.   id.   de coton, dite alpaga.

r.   Un coupon d'étoffe pour robe, en fil et soie.

N° 806. — M. PIERCOT, RENÉ, à Bruxelles.
(Brabant.)

a.   Une chaudière de locomotive.

b.   Un waggon en fer.

N° 807. — M. DURAY, LÉOPOLD, à Braine-le-Comte.
(Hainaut.)

a-l.   Onze pièces d'étoffe de coton pour pantalons.

N° 808. — M. BORGERS, Joseph, à Ixelles.
(Brabant.)

Un poêle, four de cuisine, breveté.

N° 809. — Mlles STEVENS sœurs, à Grammont.
(Flandre orientale.)

a-c. Trois pièces de dentelle, en soie noire.

N° 810. — M. VRANCX, Pierre, à Grammont.
(Flandre orientale.)

a. Une voilette en dentelle de soie noire, d'une
pièce, travaillée au carreau.
b-c. Deux barbes en dentelle de soie noire de France.

N° 811. — M. LOTAR, Alexandre, à Bruxelles.
(Brabant.)

a-c. Trois shakos de différents modèles.

N° 812. — MM. AVANZO et Cie, à Liége.
(Liége.)

Réimpression d'ouvrages d'art et de sciences, avec
planches :
a. Durand, Parallèle des Principaux Edifices Publics.
b. Sganzin, Cours de Construction.
c. Emy, Traité de la Charpenterie.
d. Lenormand, Paris moderne.
e. Letarouilly, Edifices de Rome moderne.
f. Leroy, Traité de Géométrie.
g. Id. id. Stéréotomie.
h. Combes, Traité de l'Exploitation des Mines.
j. Peclet, id. de la Chaleur.
k. Durand, Précis de leçons d'Architecture.

l.   Roux, *Constructions rurales et communales.*

m.   Pambour, *Théories des machines à vapeur.*

n.   Grands prix d'architecture.

o.   Une livraison de l'ouvrage de Delsaux, édifice Saint-Laurent.

p.   Une carte géographique pour l'histoire du Consulat et de l'Empire.

N° 813. — Mme VACHET, MARGUERITE, à Bruxelles.
(*Brabant.*)

Deux bourses en soie et acier.

N° 814. — M. REMY, JEAN-BAPTISTE, à Nivelles.
(*Brabant.*)

a-b.   Bottes et brodequins.

N° 815. — M. ROULÉ, A.-F., à Anvers.
(*Anvers.*)

a.   Une bibliothèque en palissandre, genre gothique.

b.   Un lit   id.   genre renaissance.

c.   Un fauteuil en noyer, doré, genre gothique.

d.   Un   id.   en palissandre, style antique.

e.   Une table de nuit en chêne.

N° 816. — M. VAN HALLE, FRANÇOIS, à Anvers.
(*Anvers.*)

Six chaises et un fauteuil, dorés, style Louis XV, garniture en satin bleu et blanc.

N° 817. — M. LEFEBVRE, ALEXIS, à Molenbeek-Saint-Jean.
(*Brabant.*)

Une montre contenant de l'or en feuille, dit or faux, de

l'argent en feuille, dit argent faux, et du bronze en poudre, de toutes couleurs.

N° 818. — M. LUYTEN, JEAN, à Bruxelles.
(Brabant.)

a. Un poêle, en tôle, à feu ouvert.
b. Une cheminée en cuivre.
c. Un poêle.
d. Deux fourneaux dits cuisinières.

N° 819. — M. VAN EECKOVEN, JEAN-BAPTISTE, à Anvers.
(Anvers.)

a-j. Quatorze échantillons de produits chimiques.

N° 820. — M. AERTSENS, GÉRARD, à Bruxelles.
(Brabant.)

a. Une baignoire avec appareil en cuivre.
b. Une id. en forme d'armoire.

N° 821. — M. VANRYCKEGHEM, ADOLPHE, à Bruxelles.
(Brabant.)

Une voiture à quatre roues, dite américaine.

N° 822. — M. LAMAL, NORBERT, à Bruxelles.
(Brabant.)

a. Un calorifère, feu ouvert, au charbon, en fonte polie, avec ornement et sculpture.
b. Un calorifère, en bronze doré, avec incrustation de porcelaine décorée.
c. Un calorifère en fer battu.
d. Un id. feu fermé, au charbon, moulures en argent neuf.

e.   Un foyer de cheminée en cuivre jaune poli, à
      foyer mobile, ornements en argent neuf.

f.   Un coffre-fort, à l'épreuve de l'incendie, à ser-
      rure incrochetable.

N° 823. — MM. ORBAN, et fils, à Liége.
(Liége.)

a.   Un assortiment complet de fils de fer, tréfilés,
      pour quincaillerie, ressorts, toiles métalliques
      et cardes.

b.   Coque en fer, avec cloisons, d'un navire destiné
      à l'établissement d'un feu flottant à l'embou-
      chure de l'Escaut (1).

N° 824. — MM. NAGELMAEKERS et LESOINNE,
à Liége.
(Liége.)

a.   Un assortiment de vis à bois, coulées en cuivre
      et en fer, dit fonte malléable, au moyen de
      machines nouvelles.

b.   Un assortiment de pièces d'armes, de sellerie,
      de quincaillerie, serrurérie, etc.

N° 825. — M. ROBION, NORBERT, à Bruxelles.
(Brabant.)

Une perruque et un toupet métallique.

N° 826. — M. DEMAN, LOUIS, à Bruxelles.
(Brabant.)

a.   Un lit en palissandre.
b.   Un lit en acajou.

(1) Cette coque est visible à la Tête-de-Flandre.

N° 827. — M. BALDAUF, JEAN, à Bruxelles.
(*Brabant.*)

a,   Une poupée avec son trousseau.
b.   Une petite voiture à quatre chevaux, pour poupée.

N° 828. — SOCIÉTÉ ANONYME DE COUILLET,
directeur M. HENRARD,
(*Hainaut.*)

a.   Une grande roue de locomotive.
b.   Une petite   id.
c.   Une roue de waggon, système adopté pour les chemins de fer de l'État.
d.   Une roue de waggon, système adopté pour le chemin de fer d'Entre-Sambre-et-Meuse.
e-f.   Deux essieux coudés, dont un brut et un achevé.
g.   Échantillons de bandages de locomotives.
h.   Tôles gaufrées et unies.
j.   Échantillons de fers divers.

N° 829. — M. HAP, fils, à Bruxelles.
(*Brabant.*)

Un assortiment de gants en peau, les uns confectionnés, les autres non confectionnés.

N° 830. — M. ROBERT, JULES, à Bruxelles.
(*Brabant.*)

a.   Seize ombrelles.
b.   Quatre marquises.
c.   Six parapluies.
d.   Un appareil d'éclairage (allume-gaz.)

* 12

N° 851. — M. LORET-VERMEERSCH, François, à Malines.
(Anvers.)

a.   Un orgue perfectionné, de l'invention de l'exposant (9 mètres de hauteur sur 5 de largeur, et 1ᵐ,60 de profondeur).

b.   Un métier mécanique à tisser, nouveau système.

c.   Deux nouveaux appareils pour broyer et teiller le lin.

N° 832. — M. ALLARD, Benoit, à Tournay.
(Hainaut.)

a.   Vingt-cinq pièces d'étoffes pour pantalons.

b.   Dix   id.   fil et coton pour   id.

c.   Dix   id.   laine et coton   id.

d.   Huit   id.   fil et poil de chèvre pour pantalons.

N° 833. — M. PELSENEER, Guillaume, à Bruxelles.
(Brabant.)

a.   Une armoire à glace, en bois d'acajou sculpté, style Louis XV, intérieur doublé en cèdre odorant.

b.   Un fauteuil en noyer sculpté, style renaissance.

c.   Un petit fauteuil en bois doré, style Pompadour.

N° 834. — M. RECOUR, Charles, à Bruges.
(Flandre occidentale.)

a.   Une grosse caisse.

b.   Une caisse roulante.

c.   Une caisse claire.

d.   Un assortiment de 36 toiles en crins, pour tamis.

Nᵒ 835. — M. ROELS, Jules, à Bruges.
(*Flandre occidentale.*)

a-f. Six pièces d'étoffe de laine, dites castorine, baie
bleue, baie rouge et écarlate et tissus des
Flandres.

Nᵒ 836. — M. TIMMERY, Henri, à Bruges.
(*Flandre occidentale.*)

a. Sept échantillons de laine peignée à la main.
b-j. Huit paquets, filature de laine peignée.

Nᵒ 837. — M. MAZEMAN-VAN TROOSTENBERGHE, à
Bruges.
(*Flandre occidentale.*)

a. Un lit en bois de chêne, plaqué en acajou.
b. Un buffet à étagère.
c. Moulures pour cadres.

Nᵒ 838. — M. STAFFYN, Joseph, à Bruges.
(*Flandre occidentale.*)

Fleurs artificielles.

Nᵒ 839. — M. DEROO-COLETTE, à Bruges.
(*Flandre occidentale.*)

a-b. Deux poêles économiques à chaudière.
c-f. Quatre poêles économiques à cylindre.
g-j. Trois fauteuils, dits fauteuils-berceuses ou améri-
caines.

Nᵒ 840. — M. BUYS-VANCUTSEM, Pierre, à Bruxelles.
(*Brabant.*)

a. Un coffre-fort de luxe, avec double rangée de
portes et de serrures.

b.　　Un coffre-fort, serrure à la Bramah.
c.　　Un id.
d.　　Un id.　　petite dimension.
e.　　Un assortiment de serrures à la Bramah.

N° 841. — M. GOB, Jacques, à Bruxelles.
(*Brabant.*)

a.　　Un secrétaire en fer, à double serrure et à secret.
b.　　Un coffre-fort en fer, avec serrure à gorge.
c.　　Quatre serrures à canon et à gorge.

N° 842. — M. PAGE, Laurent, à Bruxelles.
(*Brabant.*)

Six ceintures à ressort.

N° 843. — M. VUILLAUME, François, à Bruxelles.
(*Brabant.*)

a-b.　　Deux violons.
c.　　Un alto.
d.　　Une basse.

N° 844. — M. LOMBAERTS, François, à Bruxelles.
(*Brabant.*)

a.　　Un bas-relief en cuivre, ciselure repoussée, représentant Charles le Téméraire.
b.　　Une garniture complète de modèles en moulure, pour feux ouverts.

N° 845. — M. VANDERLINDEN, Jean, à Bruxelles.
(*Brabant.*)

a.　　Un harnais de tilbury, platiné.
b.　　Une sellette, en cuir laqué.

Nº 846. — M. SCHEPPERS, François, à Leeuw-Saint-
Pierre.
(*Brabant.*)

a. Laines peignées : trois bouchons pour filer.
b. Fils de laine : dix-huit paquets.
c. Tissus chaînes-coton, trame laine : dix-huit
pièces.
d. Tissus, chaîne et trame laine : cinq pièces.

Nº 847. — M. HOOGHSTOEL, Louis, à Gand.
(*Flandre orientale.*)

Un bureau en palissandre, style renaissance.

Nº 848. — M. GANTON, Nicolas, à Gand.
(*Flandre orientale.*)

a. Un foyer, feu ouvert, avec ornements et glaces,
style renaissance.
b. Un poêle, feu ouvert, à panneaux, et rosaces en
platine.
c. Un poêle à feu fermé.

Nº 849. — M. DE MEVIUS, Charles, à Forest.
(*Brabant.*)

Vingt écheveaux de soie.

Nº 850. — SOCIÉTÉ BRUXELLOISE , POUR LE
TANNAGE ET CORROYAGE DES CUIRS. Gérant :
M. KRAFFT, Léon, à Bruxelles.
(*Brabant.*)

a. Deux demi-cuirs pour semelle.
b-d. Une vachette sauvage, deux peaux de vache et
deux peaux de veau pour empeignes.

e.   Sept paires de boîtes, de différentes qualités.

f.   Quatre paires de chaussures.

N° 851. — MM. RICARD, jeune, et Cᵉ, à Lierre.
(Anvers.)

a.   Trois pièces levantine de différentes qualités.

b.   Neuf id. gros de Naples.

c.   Deux id. satin.

d.   Quatre id. étoffe de soie, dite *soie armure.*

e.   Une id. serge.

f.   Une id. taffetas de Génes, dit glacé.

g.   Une id. pou-de-soie noir.

h.   Six cravates noires, etc.

j.   Deux pièces gros grain.

k.   Deux id. pékin.

N° 852. — M. PERRARD, Joseph, à Bruxelles.
(Brabant.)

Un store à mécanique, montant et descendant à volonté sans contre-poids, poulie, ni cordes.

N° 853. — M. BOMBEKE, Auguste, à Bruxelles.
(Brabant.)

a-b.   Deux lithographies.

N° 854. — M. PETERS, Pierre, à Saint-Josse-ten-Noode.
(Brabant.)

a.   Onze tuyaux en terre de Tamise.

b.   Treize pots à fleurs.

N° 855. — M. VANDERSMISSEN, Prosper, à Bruxelles.
(Brabant.)

Trente-huit objets en dentelle de Bruxelles.

N° 856. — M. MARCHAL, Désiré, à Ixelles.
(*Brabant.*)

a. Trois modèles de billes en fer, pour chemin de fer.
b. Deux blocs de charbon.

N° 857. — M. SANDOZ, Virgile, à Bruxelles.
(*Brabant.*)

Un coffre en argent.

N° 858. — M. COLLEN, Joseph, à Bruxelles.
(*Brabant.*)

a-b. Deux tables en palissandre, incrustées.

N° 859. — M. DEKEYSER, Michel, à Bruxelles.
(*Brabant.*)

a. Couvertures de laine.
b. Une pièce carsaie ordinaire, blanche.
c. Quatre id. baie blanche.
d. Sept id. id. de différentes couleurs.
e. Deux id. castorine, blanche et écarlate.
f. Une id. frisette blanche, fine.
g. Une couverture jaune, longue.

N° 860. — M. DEBREMAECKER, Alexis, à Bruxelles.
(*Brabant.*)

a. Une cheminée en marbre, dit brocatelle d'Espagne.
b. Une cheminée en marbre blanc, dit statuaire.

N° 861. — M. MAHILLON, Charles, à Bruxelles.
(*Brabant.*)

Vingt-neuf instruments de musique, en bois et en cui-

vre, pour harmonies militaires et autres : basses à
cylindre et à piston, ophicléides, tambours, cors ,
cornets, trompettes, clarinettes, etc.

N° 862. — M. ALBERT, Eugène, à Bruxelles.
(Brabant.)

Sept clarinettes, en différents tons, et deux petites
flûtes.

N° 863. — M. VANDONCK, Louis, à Bruxelles.
(Brabant.)

Objets en porcelaine garnis de bronze :
a-g.   Un lustre ; deux assiettes ; cinq tasses ; deux
bols ; un plat ; une jatte ; deux gobelets.

N° 864. — M. PORTOIS, Pierre, à Bruxelles.
(Brabant.)

Une porte, vieux style, en palissandre.

N° 865. — M. PONFOORT, J., à Rumbeke.
(Flandre occidentale.)

Quatre clarinettes et une flûte.

N° 866. — M. DEHENNAULT, Jean-Baptiste,
à Fontaine-l'Évêque.
(Hainaut.)

a.   Une boussole à niveau fixe, à lunettes achromati-
ques, de grande dimension.
b.   Une boussole, même système, à lunettes simples,
deuxième dimension.
c.   Une boussole, même système, à lunettes simples, troisième dimension.

d. Un niveau graphomètre, avec lunette achromatique.

N° 867. — Mme Ve NEUBERT, Charles, à Ixelles.
(Brabant.)

Un piano-buffet, en palissandre sculpté.

N° 868. — M. WEBER, Antoine, à Bruxelles.
(Brabant.)

Un assortiment de pupitres, portefeuilles, buvards, nécessaires pour dames, portefeuilles de poche, albums, etc.

N° 869. — M. DECUNSEL, Charles, à Ninove.
(Flandre orientale.)

Un buffet-secrétaire avec bibliothèque.

N° 870. — MM. DEBREMAECKER et fils, à Bruxelles.
(Brabant.)

a. Une rosace en carton pierre.
b. Quatre médaillons en plâtre.
c. Une console en carton pierre.
d. Deux têtes en plâtre.

N° 871. — M. MICHEL, Jean-Baptiste, à Bruxelles.
(Brabant.)

a-c. Trois malles à compartiments.

N° 872. — M. BONNEELS-WITTOUCX, H.-L., à Bruxelles.
(Brabant.)

a-f. Quatre chaises et deux fauteuils dorés.
g. Un secrétaire, style Louis XV.

Nº 873. — M. DE SAINT-HUBERT, négociant,
à Bouvigne-lez-Dinant.
(*Namur.*)

a-b. Une paire de meules à moudre le grain.

Nº 874. — M. ADAM, AMÉDÉE, à Bruxelles.
(*Brabant.*)

Échantillons de passementerie de différents genres.

Nº 875. — M. FIÉVEZ, DÉSIRÉ, à Bruxelles.
(*Brabant.*)

Une voiture de chasse, dite américaine, à quatre roues.

Nº 876. — M. VERREYT, JACQUES, à Bruxelles.
(*Brabant.*)

a. Un assortiment de pièces de foulards imprimés.
b. Cinq écharpes de satin.
c. Seize id. de tissus de laine imprimés.
d. Vingt châles id. id.
e. Trente-six pièces id. id.

Nº 877. — M. DUA, FRANÇOIS, à Gand.
(*Flandre orientale.*)

Une collection d'objets travaillés en ivoire et en bois de
palissandre: porte-bouquets, porte-cigares, porte-mon-
tres, etc.

Nº 878. — M. DE PLOEG, ADOLPHE, à Bruxelles.
(*Brabant.*)

Dents artificielles, de différents modèles et de diverses
nuances.

N° 879. — M. VELGHE, P.-J., à Audenarde.
(*Flandre orientale.*)

Neuf pièces de toile écrue.

N° 880. — M. GUTJUNG, PIERRE, à Bruxelles.
(*Brabant.*)

Un moulin à mécanique, pour moudre le café.

N° 881. — MM. HEGH et DAEMS, à Malines.
(*Anvers.*)

a-r. Dix-sept pièces d'étoffe de laine, dont quatorze
      dites baye bleu, garance et écarlate, et trois
      dites *lady coating.*

N° 882. — M. ROCH-DEVROE, à Houtem-Saint-Liévin.
(*Flandre orientale.*)

a-b. Deux pièces de toile écrue.

N° 883. — MM. BONNEFOY ET GROSCOL, à Ixelles.
(*Brabant.*)

a. Deux angles de corniche en bois, avec ornements
    en plâtre.
b-d. Une console et deux cadres en bois, avec orne-
    ments en pâte plastique.

N° 884. — Mlle PIOT, ÉLISA, à Bruxelles.
(*Brabant.*)

Un tableau en tapisserie.

N° 885. — M. ROBINEAU, Louis, à Bruxelles.
(*Brabant.*)

Un bracelet de fantaisie et un porte-bouquet, avec
chaîne, partie en or, partie en argent.

No 886. — M. STAINIÈRE, DIEUDONNÉ, à Bruxelles.
(*Brabant.*)

a.　　Un assortiment d'embauchoirs.
b-c.　Deux assortiments de formes de chaussures.
d.　　Un assortiment de têtes à perruque.
e.　　Un　id.　de cambres pour corroyeurs.

No 887. — MANUFACTURE DE GLACES ET CRISTAUX, (SOCIÉTÉ ANONYME), Directeur, M. VANDEN-BROECK, à Bruxelles.
(*Brabant.*)

a.　　Trois glaces étamées.
b.　　Trois id. non étamées.
c.　　Vingt-trois feuilles de verre à vitres.
d.　　Sept pannes en verre, de différentes épaisseurs.
e.　　Sept cylindres ronds en verre.
f.　　Un assortiment de cristaux taillés, gravés, etc.
g.　　Un　id.　de demi-cristaux.
h.　　Six échantillons de produits chimiques.

N 888. — M. JOUVE, LOUIS, à Molenbeek-St.-Jean.
(*Brabant.*)

a-e.　Cinq pompes à incendie.
f-g.　Trois buanderies économiques et portatives.
h.　　Un métier, dit tricoteur accéléré.
j.　　Douze paquets de bonneterie, en laine.
k.　　Un coupon de flanelle blanche.
l.　　Deux pièces de drap noir élastique.
m.　　Une pièce de tissu brut pour drap élastique.
n.　　Un modèle du métier dit *tricoteur accéléré*.
o.　　Deux pièces de drap pour gants.

Nᵒ 889. — M. VRIENS, JEAN, à Bruxelles.
(Brabant.)

a.   Un piano-buffet, en palissandre, à deux cordes.
b.   Un piano, en palissandre, à trois cordes.

Nᵒ 890. — M. HELINCKX, JEAN, à Molenbeek-Saint-Jean.
(Brabant.)

a-b.   Douze tapis en toile cirée, dont deux pour salon et dix de table.
c.   Deux tapis chinois.
d.   Un cuir laqué.
e.   Une peau de veau laquée.
f.   Trois basanes laquées.
g.   Deux tapis en molleton.
h.   Dix pièces d'étoffe, dites *conservatives de nappes.*
j.   Deux pièces de toile cirée.
k.   Une   id.   molleton.

Nᵒ 891. — M. BURDO-STAS, à Liége.
(Liége.)

a-v.   Vingt et une pièces de drap satin-laine, et étoffes de laine façonnées dites modes.

N 892. — M. VANDERCAMER, JACQUES-AUGUSTE, à Bruxelles.
(Brabant.)

a.   Une suspension, avec lampe à modérateur.
b.   Un lustre à bougies et à carcel.
c.   Un lustre, imitation de terre, pour fleurs et bougies.

d.   Un bain de siége.

e.   Une paire de vases.

f.   Une paire de lampes à modérateur.

g.   Un réservoir à placer à l'intérieur d'un mur.

N 893 — M. CARPENTIER-TREUSAERT, à Gand.
(Flandre orientale.)

a-c.   Dix-sept pièces de toile damassée et quatre de coutil.

Nᵒ 894. — M. PHOLIEN, P. A., à Liége.
(Liége.)

a.   Un assortiment de fils de fer étamés à blanc.

b.   Un   id.   de clous en fer.

Nᵒ 895. — M. VERWÉE-VANDURME FRANÇOIS, à Gand.
(Flandre orientale.)

a.   Cordes pour filatures de coton.

b.   Rubans pour métiers continus.

Nᵒ 896. — M. DEPOTTER, CHARLES, graveur, à Gand.
(Flandre orientale.)

a-c.   Sceaux, griffes, et autres objets gravés.

Nᵒ 897 — MM. BOUCKAERT, FRÈRES, à Gand.
(Flandre orientale.)

a-h.   Huit pièces de passementerie, franges et galons noirs au crochet.

Nᵒ 898. — M. REGIBO, JOSEPH, à Renaix.
(Flandre orientale.)

a-e.   Cinq paires de bottes.

f-h.   Trois paires de souliers et de bottines.

N° 899. — M. VERHEUGEN, J., à Gand.
(Flandre orientale.)

a-b. Un berceau et une corbeille en osier.

N° 900. — M. VANHOÉCKE-LOWIE, à Gand.
(Flandre orientale.)

a-b. Deux pièces de toile bleue.

N° 901. — Mme Veuve MASARDO, à Spa.
(Liége.)

a-n. Ouvrages en bois de Spa : deux tables; deux
     boîtes; un pupitre; trois valises; un tombeau;
     trois albums; un nécessaire.

N° 902. — M. PERSOONS, François, à Anvers.
(Anvers.)

Un appareil à faire de la glace.

N° 903. — M. NAUWELAERS, P.-L., à Anvers.
(Anvers.)

Une brosse montée en bois de palissandre.

N° 904. — M. LORET, Joseph, à Laeken,
(Brabant.)

a-b. Deux harmonium d'après le système d'Alexandre
     De Bain.
c-d. Deux appareils applicables aux harmonium, ou
     à tout autre instrument à clavier, l'un d'après
     le système De Bain, et l'autre d'après le sys-
     tème de l'exposant.

N° 905. — M. BIONDETTI, Paul, à Malines.
(Anvers.)

a.   Un lit-corset, de l'invention de l'exposant.
b.   Dix-sept bandages herniaires.
c.   Deux appareils à redresser les pieds bots.
d.   Un pied artificiel.
e.   Un nez artificiel.
f.   Une lacta-pompe.

N° 906. — Mme WALSCHAERTS, Marie, épouse Bion-DETTI, à Malines.
(Anvers.)

a-c.   Épaulières à l'usage des jeunes gens qui ont le dos voûté; ceintures et bandages.

N° 907. — M. DANJOU, Philippe, à Bruxelles.
(Brabant.)

a.   Une collection de moulures en cuivre appliquées sur bois.
b.   Une pierre sépulcrale.
c.   Une toise métrique.
d.   Étalages en cuivre.

N° 908. — M. FAIRON, mécanicien, à Verviers.
(Liége.)

a.   Une pièce de drap noir.
b.   Id.   de tissu de laine pour drap.

N° 909. — M. STAINIER, Stanislas, à Bruxelles.
(Brabant.)

a.   Un assortiment d'embauchoirs.
b.   Une paire de formes à crémaillère.

N° 910. — M. DENIS, CHARLES, à Ixelles.
(*Brabant.*)

Un sommier élastique, avec bois de lit.

N° 911. — MM. ORVAL frères, à Forêt.
(*Liége.*)

Cinq échantillons de fer battu.

N° 912. — Mme RAMOUX, née FLORENCE, à Liége.
(*Liége.*)

a.   Un bouquet de fleurs artificielles.
b.   Une vieille dentelle réappliquée.

N° 913. — M. LEFEBVRE-CLOSSET fils, à Liége.
(*Liége.*)

Cire à cacheter.

N° 914. — MM. CAPPELLEMANS, J.-B., aîné et C°, à
Bruxelles.
(*Brabant.*)

a-b.   Deux assortiments de brosses.
c.   Soies de porcs du pays, et autres matières pre-
mières.
d.   Un assortiment de nattes en chanvre; soies de
porcs, etc.

N° 915. — MM. CAPPELLEMANS, J.-B., aîné, et DA-
BOUST, à Hal.
(*Brabant.*)

a.   Un buste du Roi, en porcelaine.
b.   Id.   de la Reine, en id.
c.   Une corbeille rocaille.
d.   Une aiguière.

13

e.   Un service de table rocaille, décoré.

f.   Un service à dessert.

g.   Différents services à thé et à café.

h.   Pendules, vases à fleurs et ornements de chemi-
        née.

j.   Statuettes, groupes, flacons, encriers de tous
        genres.

k.   Objets en porcelaine blanche.

**N° 916. — MM. CAPPELLEMANS, J.-B., aîné, SMITS,
        WILLEMS, et Cᵉ, à Bruxelles.**

        (Brabant.)

Différents services de table et à café, en faïence blanche,
    imprimée et décorée.

**N° 917. — MM. CAPPELLEMANS, J.-B., aîné, DEBY
        et Cᵉ, à Saint-Vaast.**

        (Hainaut.)

a.   Cristaux blancs.

b.   Id.   en double et triple couleurs, taillés,
        peints et dorés.

c.   Cristaux blancs, et torsinés, genre Venise.

d.   Articles de fantaisie en cristal.

e.   Deux tables en marbre factice.

f.   Assortiment d'objets en demi-cristal, unis, mou-
        lés, taillés.

g.   Acides et produits chimiques.

h.   Flacons contenant des réactifs.

j.   Verres à vitres de toutes dimensions.

k.   Pannes en verre.

l.   Bouteilles de tout genre, et de toutes couleurs.

m.   Un bocal contenant sel et cristaux de soude.

N° 918.—M. E. FELHOEN-VANTIEGHEM, à Courtray.
(Flandre occidentale.)

a.   Sept pièces de dentelle, dite Valenciennes.
b.   Portraits des membres des familles royales de France et de Belgique.

N° 919. — M. COUVREUR, J., à Messines.
(Flandre occidentale.)

a-c.   Souliers, bottes vernies, bottines et formes.

N° 920. — SOCIÉTÉ CHARBONNIÈRE DE STRÉPY-BRAQUEGNIES, directeur, M. DELAROCHE, ALPHONSE, à Strépy-Braquegnies.
(Hainaut.)

a.   Un sas à air, pour refouler l'eau dans les mines.
b.   Une machine à draguer les sables mouvants.
c.   Un alésoir pour enfoncement de mines.

N° 921. — M. le baron DE ROSÉE, ALPHONSE, à Moulins.
(Namur.)

a.   Un fond de chaudière en cuivre rouge.
b.   Une planche en cuivre rouge.
c.   Deux barreaux   id.
d.   Deux planches en cuivre jaune.
e.   Un tube de locomotive en laiton.
f.   Seize bassins, chaudrons, marmites, poêlons, en cuivre rouge et jaune.
g.   Douze rouleaux de fils de cuivre rouge, similor et cuivre jaune.

N° 922. — M. PERÉE, J.-F., à Liége.
(Liége.)

a.   Un grand robinet en cuivre, perfectionné.

b. Un petit robinet en cuivre battu, breveté.

N° 923. — M. LEPAGE-KINA, à Grammont.
(Flandre orientale.)

Deux volants en dentelle noire, mesurant chacun quatre mètres vingt centimètres.

N° 924. — M. HÉGLE, Charles, à Bruxelles.
(Brabant.)

Un assortiment de gants de peaux de toutes qualités, confectionnés, et non confectionnés.

N° 925. — M. TRESENIERS, Antoine, à Bruxelles.
(Brabant.)

a. Un christ, avec bénitier en argent, ciselé.
b. Un bénitier.
c. Une corbeille à fruits, en argent ciselé.

N° 926. — M. RITS, Charles, à Ypres.
(Flandre occidentale.)

Une giberne.

N° 927. — M. le baron DE BARÉ DE COMOGNE,
à Namur.
(Namur.)

a-e. Trois cuirs forts.

N° 928. — M. MUESELER, Louis, à Liége.
(Liége.)

a. Boussole de mineur, perfectionnée.
b. Flotteur à balancier, perfectionné.

Nº 929. — MM. DEROSNE-CAIL et Cⁱᵉ, à Molenbeek-
Saint-Jean.
(*Brabant.*)

Un système complet pour la fabrication du sucre indigène et exotique, composé de :

a. Une machine à vapeur, force de 16 chevaux;
b. Une râpe;
c. Une presse hydraulique;
d. Une pompe de presse;
e. Un appareil dans le vide, à double effet;
f. Deux pompes pneumatiques, avec machine à vapeur;
g. Un réchauffoir;
h. Une machine, force de trois chevaux, pour fabriquer le noir animal;
j. Un moulin à concasser les os.
k. Un appareil à raffiner le sucre, avec ses accessoires.
l. Une machine à vapeur, de la force de 12 chevaux,
pour le service des pompes à air.
m. Douze formes en tôle de diverses dimensions.
n. Vingt robinets en cuivre   id.
o. Douze tuyaux   id.   id.
p. Deux appareils de sûreté pour générateur de
vapeur.
q. Un modèle au 10ᵐᵉ d'un moulin à sucre de canne,
avec machine à vapeur.
r. Un modèle au 10ᵐᵉ d'un appareil à revivifier le
noir animal.
s. Un modèle au 10ᵐᵉ de calorifère.
t. Un générateur de la force de 6 chevaux.
u. Un monte-jus.

N° 930. — SOCIÉTÉ ANONYME du PHOENIX.
Directeur, M. CLAUS, à Gand.
(Flandre orientale.)

a.   Une locomotive, cylindre de 13 pouces de dia-
       mètre.

b.   Un banc à broches, pour coton.

c.   Un self-actor, ou métier à filer le coton, sans
       fileur.

N° 931. — M. RODENBACH-MARANT, à Roulers.
(Flandre occidentale.)

a-h.   Huit échantillons de bleu d'azur.

N° 932. — M. ANDRIES, Joseph, à Malines.
(Anvers.)

a-h.   Huit couvertures de laine.

-k.   Deux coupons de frise blanche.

N° 933. — Mme Ve SUES-FOUQUET, à Verviers.
(Liége.)

a.   Neuf rubans à carder, pour laine, lin et coton.

b.   Cinq plaques pour volants et tambours.

c-d.   Deux rouleaux de cuir artificiel (caoutchouc et
       toile) pour cardes.

e.   Une feuille de caoutchouc.

f.   Un manteau, tissu en id.

g.   Un tablier en id.

N° 934. — M. DELEUZE, Joseph, à Bruxelles.
(Brabant.)

Dessins pour broderie.

N° 935. — M. LADOUBÉE-LEJEUNE, Ch., à Bruxelles.
(*Brabant.*)

a. Une paire de harnais de cérémonie.
b. Un harnais de tilbury.
c. Une selle de dame, à trois fourches, avec bride.
d. Une selle matelassée, avec bride.
e. Une id. de chasse id.
f. Une id. ordinaire.
g. Une id. de course, montée.
h-k. Trois malles.
l. Un échantillon de cuir pour harnais, corroyé d'après les procédés anglais.
m. Un idem pour bride.

N° 936. — M. BEAULIEU, A., à Bruxelles.
(*Brabant.*)

Une collection d'instruments de précision.

N° 937. — M. NOEL, Joseph, à Louvain.
(*Brabant.*)

Un assortiment d'objets de passementerie : épaulettes, cordons, galons, etc.

N° 938. — MM. DEKEYN, frères, à Saint-Josse-ten-Noode.
(*Brabant.*)

a. Une porte d'appartement.
b. Un modèle de parquet en bois.
c. Coins et broches en bois pour fixer les rails du chemin de fer.
d. Un régulateur pour machine à vapeur.

Nº 939. — M. DEMAN, PIERRE, à Saint-Josse-ten-
Noode.
(*Brabant.*)

a. Une voiture-cabriolet à quatre roues.
b. Une id. dite américaine.

Nº 940. — M. LECLERC, JOSEPH, à Bruxelles.
(*Brabant.*)

a. Une cheminée de marbre statuaire, sculptée.
b. Une id. id. portor.
c. Une id. id. vert de mer.
d. Une id. id. de Waulsort.
e. Une id. id. brèche romaine.

Nº 941. — M. SERVAIS, JOSEPH, docteur en médecine
à Bruxelles.
(*Brabant.*)

Un nécessaire chirurgical de voyage, à quatre compartiments, garni d'instruments, d'appareils de chirurgie
et d'objets de pharmacie (poids de l'appareil 31 kil. ;
hauteur 35 cent. , longueur 62 cent. , largeur
36 cent.)

Nº 942. — M. LENOIR-SOENEN, à Roulers.
(*Flandre occidentale.*)

Une pièce de toile, faite à la main, avec fil mécanique.

Nº 943. — Mlle LEJEUNE, THÉRÈSE, à Tournay.
(*Hainaut.*)

a. Une garniture de fauteuil, en satin blanc, broderie en chenille au point lamé.
b. Un mouchoir brodé en relief.

N° 944. — M. VANDEKERCKHOVE, Jean, à Ixelles.
(*Brabant.*)

Plan de Bruxelles et de ses principaux monuments, fait à la plume.

N° 945. — M. HERNAELSTEEN, Jean, à Bruxelles.
(*Brabant.*)

a.   Une douzaine de peaux de veau vernies.
b.   Trois peaux de chèvre vernies.

N° 946. — Mᵐᵉ VANTRICHT, Caroline, à Bruxelles.
(*Brabant.*)

Fleurs artificielles et plumes à parure.

N° 947. — M. GOOSSENS, Thomas, à Louvain.
(*Brabant.*)

a-e.   Souliers et bottes imperméables.
f-g.   Douze pots de cirage.

N° 948. — HAUTS-FOURNEAUX de LEEFDAEL.
Directeur M. JACQUET, Félix, à Leefdael.
(*Brabant.*)

Trois échantillons de fonte d'affinage au coke.

N° 949. — M. TERRIS, Jean, à Bruxelles.
(*Brabant.*)

Reliures.

N° 950. — M. COUVERT, César, à Molenbeek-Saint-Jean.
(*Brabant.*)

Un modèle d'échelle à incendie.

N° 951. — M. LEROUX, JEAN, à Bruxelles.
(Brabant.)

Un candélabre à gaz, en porcelaine de Chine, garni en bronze.

N° 952. — Mme GUILMAR, à Bruxelles.
(Brabant.)

Un corset.

N° 953. — M. VANDENBROUCK, BENOIT, à Kercxken.
(Flandre orientale.)

a.   Une pièce de coutil pour pantalons.
b.   Une id. de serviettes.

N° 954. — M. PETERS, ERNEST, à Bruxelles.
(Brabant.)

Une voiture à quatre roues, dite américaine.

N° 955. — M. WALLAERT, ADOLPHE, à Bruxelles.
(Brabant.)

a.   Une armoire à armes, en chêne, style renaissance.
b.   Une   id.   genre Boule, avec ornements.
c.   Un fauteuil confortable, garni en damas.
d.   Un fauteuil en bois d'ébène, genre Louis XIV.

N° 956. — M. DELEEMANS, THÉODORE, à Bruxelles.
(Brabant.)

a-b.   Un buffet et une table en acajou.
c-f.   Une table, un canapé et deux fauteuils en bois doré.
g.   Un fauteuil, style Louis XVI.
h-j.   Deux id.   id. Louis XV.

k. Un fauteuil, style Louis XIV.

l-m. Deux chaises en bois doré, style Louis XV.

n. Une id. en bois de chêne, style renaissance.

o. Une chauffeuse, Louis XIV.

p. Une id. Henri III.

q-r. Deux fauteuils en palissandre, renaissance.

N° 957. — M. VANDERHECHT-CHRÉTIEN, Jean, à Bruxelles.
(*Brabant.*)

Les armoiries de la Belgique.

N° 958. — M. VANDERKELEN-BRESSON, à Bruxelles.
(*Brabant.*)

a-f. Un tableau et un mouchoir de poche en dentelle de Bruxelles; une écharpe, application, point à l'aiguille; un mouchoir, une berthe, une paire de barbes et un col; manchettes en guipure de Bruxelles; une berthe et une voilette, application de Bruxelles; un col guipure, point de Bruxelles; une paire de barbes et une garniture en malines.

N° 959. — M. DEHOUSSE, fils, à Herstal.
(*Liége.*)

Un étau pour ajusteur.

N° 960. — M. MATOLET, Antoine, à Bruxelles.
(*Brabant.*)

Ressorts métalliques pour perruques, cols et bonnets.

N° 961. — M. BOSQUET, Louis, à Bruxelles.
(*Brabant.*)

Un assortiment de souliers et de bottes.

Nº 962. — M. SACRÉ, Édouard, à Bruxelles.
(*Brabant.*)

a.   Une balance de précision pour les analyses chimiques.

b.   Une id. plus simple.

c.   Une grande balance pour vérifier les poids étalons.

d.   Un trébuchet à l'usage des pharmaciens.

e.   Une machine à fendre les crémaillères et à diviser les mètres.

f.   Un baromètre.

Nº 963. — M. OORLOF, Philippe, à Bruxelles.
(*Brabant.*)

Neuf portraits au daguerréotype.

Nº 964. — SOCIÉTÉ LINIÈRE DE SAINT-LÉONARD, A LIÉGE, Directeur, M. ALEXANDRE.
(*Liége.*)

Fil de lin à retordre :

a.   Lin de Courtray, 10 paquets, nºˢ 30, 35, 40, 50, 60, 70, 90, 100, 110, 120.

b.   Lin de Lokeren, 11 paquets, nºˢ 30, 35, 45, 50, 60, 70, 80, 90, 100, 110, 120.

Fil de lin pour tissage :

c.   Lin de Courtray, 15 paquets, nºˢ 40, 50, 60, 70, 80, 90, 100, 110, 120, 130, 140, 150, 160, 180, 220.

d.   Lin de Lokeren, 15 paquets, nºˢ 40, 50, 60, 70, 80, 90, 100, 110, 120, 130, 140, 150, 180, 200.

e.   Lin de Russie, quatre paquets, nºˢ 30, 35, 40, 50.

f. Étoupes de lin de Russie, 5 paquets, n°s 12, 14, 16, 18, 20.

g. Étoupes de lin de Courtray, 8 paquets, n°s 16, 18, 20, 25, 30, 40, 50, 60.

h. Étoupes de lin de Lokeren, 18 paquets, n°s 14, 18, 20, 25, 30, 40, 50, 60, 70, 80, 90, 100, 110, 120, 130, 140, 150, 170.

N° 965. — M. JACQUET, JOSEPH, à Bruxelles.
(Brabant.)

Porcelaine :

a-b. Deux paires de vases Médicis, avec ornements.

c. Un plateau avec groupe de fruits.

d-f. Trois tête-à-tête, ornements divers.

g. Trois services à café, composés chacun de dix-sept pièces.

k. Un service de dessert, composé de cinquante-trois pièces, fond bleu, grand feu.

l. Un service de table pour deux personnes, rocaille anglaise.

m. Un service de dessert.

N° 966. — M. BIOT, JOSEPH, à Molenbeek-Saint-Jean.
(Brabant.)

a-e. Vingt et une brosses.

N° 967. — M. TIBAUX-GODTSCHALCK, à Messines.
(Flandre occidentale.)

a. Deux cuirs maroquinés.

b. Deux vachettes.

c. Deux peaux de veau.

d. Deux tiges de bottes.

e.   Un flanc de cheval.
f.   Une demi-vachette.

Nº 968. — M. KUMS, ÉDOUARD, à Anvers.
(*Anvers.*)

a.   Toile à voiles, en fil de chanvre, imitation d'Angleterre, neuf pièces.
b.   Toile à voiles, imitation de Russie.
c.   Id.,   id.   de Hollande.
d.   Id.,   id.   d'Allemagne.
e.   Id.,   pour l'exportation.
f.   Id.,   dite Ravensduck.

Nº 969. — SOCIÉTÉ ANONYME DES CARRIÈRES DE ROMBAUX. Directeur, M. VELLUT.
(*Hainaut.*)

a.   Une pierre de 6 mètres de longueur sur 2 mètres 50 centimètres de largeur et 18 centimètres d'épaisseur, sciée pour palier.
b-c.   Deux chapiteaux ciselés.
d.   Un balustre.
e.   Monument funéraire, en pierre ciselée, à ériger à la mémoire du général de Rigny, dans le cimetière de Ghlin.
f.   Quatre tranches sciées pour placage.

Nº 970. — M. VERBERCKT, HIPPOLYTE, à Anvers.
(*Anvers.*)

Objets en argent : un ostensoir; un calice; un pot à lait; une corbeille; un service de trois pièces; une cafetière et un crémier; une théière et un vase à thé; un service de cinq pièces ; un crucifix.

N° 971. — M. VANBENEDEN, GUILLAUME, à Bruxelles.
(*Brabant.*)

a-b. Deux garde-robes inodores.

c. Une couverture de bâtiment, en zinc, nouveau système.

N° 972. — M. JELIE, J.-B., à Alost.
(*Flandre orientale.*)

Un assortiment de fils de lin, de nuances diverses.

N° 973. — M. HÉBERT, ALEXANDRE, à Bruxelles.
(*Brabant.*)

Deux perruques.

N° 974. — M. STEMBERT, fils, à Limbourg.
(*Liége.*)

a-b. Filature de laine pour cachemire, 2 paquets, nos 100 et 110.

c-d. Filature de laine pour thibet, 2 paquets, nos 60 et 70.

e-f. Filature de laine pour satin-laine, deux paquets, nos 35 et 40.

g-h. Filature de laine pour casimir, deux paquets, nos 50 et 60.

N° 975. — M. DURIEU-DEROO, à Courtray.
(*Flandre occidentale.*)

Un coupon de dentelle, avec les fuseaux.

N° 976. — M. VALCKE ET Cᵉ, à Courtray.
(*Flandre occidentale.*)

Un coupon de dentelle.

N° 977. — SOCIÉTÉ TYPOGRAPHIQUE BELGE.
Ad. WAHLEN et Cᵉ, à Bruxelles.
(Brabant.)

a.   Livres de prières ordinaires et livres pour distri-
     butions de prix.
b.   Livres de prières de luxe et autres impressions.
c.   Impression de gravures sur bois et tirages à la
     mécanique exécutés par des machines mues
     par la vapeur et imprimant 1,000 à 1,200 exem-
     plaires à l'heure.

(FONDERIE DE CARACTÈRES)

d.   Caractères fondus par un nouveau procédé mé-
     canique, pour lequel les exposants sont bre-
     vetés. — Spécimen des caractères employés
     dans l'établissement.
e-h. Quatre cadres renfermant des épreuves de carac-
     tères divers.

N° 978. — M. CORTIN, Jean, à Bruxelles.
(Brabant.)

a-f. Six paires d'embauchoirs mécaniques, de diffé-
     rentes dimensions.

N° 979. — M. DUPRET, César, à Bruxelles.
(Brabant.)

a-b. Une perruque et un faux toupet.

N° 980. — M. OKNINSKY, Stanislas, à Bruxelles.
(Brabant.)

a-c. Deux corbeilles et un vase en papier.

Nº 981. — M. CAILLET, Michel, à Ixelles.
(*Brabant.*)

a. Une paire de grandes carafes en porcelaine blanche.
b-c. Deux tête-à-tête.
d. Un id., genre américain.
e. Un buste de Pie IX, en biscuit.
f-g. Deux veilleuses-réchaud.
h. Une statuette de la Vierge, en biscuit.
j-k. Deux pots à eau dits mascarons, et leur cuvette.
l. Quelques pièces de service de table.

Nº 982. — M. RONGÉ, François, à Liége.
(*Liége.*)

Une calèche de ville.

Nº 983. — M. VANDERCAMER, Adrien, à Bruxelles.
(*Brabant.*)

Reproduction d'une chapelle antique, par le procédé galvano-plastique.

Nº 984. — M. VANDENKERKHOVEN, Jean, à Bruxelles.
(*Brabant.*)

a-d. Quatre pièces de toile métallique, nºs 5, 12, 14, 17.

Nº 985. — M. VERHASSELT, François, à Bruxelles.
(*Brabant.*)

a-c. Trois harmonium en palissandre.
d-e. Deux pianos-buffet en palissandre, 6 1/2 octaves, 3 cordes.

14

f.   Cinq violons, deux altos et deux basses.
g-h.   Deux contre-basses.
i.   Un chirogymnaste.
k.   Un clavier muet.

N° 986. — MM. ZOUDE et Cᵉ, à Namur.
(*Namur*.)

Cristaux :

a.   Un assortiment de 72 pièces, à dentelles, tels que
          vases, gobelets, etc.
b.   Un assortiment de cristaux rubanés, 19 pièces.
c.   Un   id.   de cristaux à filigranes.
d.   Deux vases en hyalite.
e-f.   Deux assortiments d'objets en cristal.
g.   Deux amphores et une grande coupe.
h.   Un service Elsler, composé de 60 verres.
j.   Un   id.   Viennois.
k.   Quatre flacons à odeurs.
l.   Quatre vases en cristal jaspé.
m.   Un assortiment d'objets bleus, verts et dorés.
n.   Un verre d'eau Elsler, gravé, composé de 5 pièces.
o.   Trois verres à jambe de paille, différents numéros.

Demi-cristal :

p.   Un assortiment de carafes, verres, etc.
q.   Un   id.   d'objets en verre de couleur,
          vases, etc.
r.   Un assortiment d'objets de chimie.
s.   Objets d'éclairage.
t.   Assortiment de moulures en plein, de toute espèce.
u.   Gobeléterie commune.

(Le cristal des objets exposés pour la *taille* par M. Brodier-Chris-
tiaens, sous le n° 771, provient des verreries et cristalleries de
MM. Zoude et Cⁱᵉ.)

N° 987. — M. JOSSART, Joseph, à Bruxelles.
(*Brabant.*)

a-c. Trois pièces de toile métallique à l'usage de la papeterie.

N° 988. — M. QUANONNE-GOUDEMAN, à Anderlecht.
(*Brabant.*)

Assortiment de bougies de l'Étoile, de cire moulée, etc.

N° 989. — SOCIÉTÉ ANONYME DES ÉTABLISSE-MENTS DE JOHN COCKERILL. Directeur, M. PAS-TOR, à Seraing.
(*Liége.*)

a. Un balancier, une tige de piston et une soupape d'équilibre pour machine d'épuisement.
b. Une tôle en cuivre martelé.
c. Une barre de fer laminé.
d. Un arbre creux pour machine de bateaux.
e. Deux tôles laminées pour palier de locomotives.

N° 990. — M. DUCHAINE, Albert J., à Bruxelles.
(*Brabant.*)

Une mécanique circulaire servant à tisser les bourses.

N° 991. — M. LAROCHE, fils aîné, à Schaerbeek.
(*Brabant.*)

Un feutre sécheur.

N° 992. — M. TEICHMANN, François, à Bruxelles.
(*Brabant.*)

a. Un piano-buffet en palissandre, genre gothique.
b. Un id. id.

N° 993. — M. BAESJOU, B.-J., à Bruxelles.
(*Brabant.*)

a.   Un guéridon décoré, forme ronde.
b.   Un   id.   forme carrée.

N° 994. — M. KESTEMONT, JEAN-BAPTISTE, à Bruxelles.
(*Brabant.*)

Une pompe à incendie, avec accessoires.

N° 995. — M. SCHOTMANS, FRANÇOIS, à Bruxelles.
(*Brabant.*)

Une étagère-bazar de salon, en bois blanc doré, avec ornements en composition.

N° 996. — M. RENOZ DE BORLÉ, à Liége.
(*Liége.*)

a.   Quatorze chaudrons en fonte polie, de diverses qualités.
b.   Douze casseroles en fonte polie.
c.   Treize marmites avec et sans anses, de diverses qualités.
d.   Deux fers à repasser, avec supports.
e-n.   Neuf cartes de vis-à-bois.

N° 997. — M. VANBENEDEN-BRUERS, à Bruxelles.
(*Brabant.*)

a-b.   Deux corsets.

N° 998. — M. DELSTANCHE, PHILIPPE, à Marbais.
(*Brabant.*)

Une collection d'instruments aratoires : charrues, binoirs, herses, extirpateurs, traîneaux, etc.

N° 999. — M. GELEEDTS, Charles, à Gand.
(*Flandre orientale.*)

Chronomètre régulateur marquant les minutes et les secondes.

N° 1000. — M. DELESQUE, Jean, à Bruxelles.
(*Brabant.*)

a-d. Quatre pompes foulantes et aspirantes, en cuivre.
e. Une statue en pied de Rubens, en bronze.

N° 1001. — SOCIÉTÉ ANONYME POUR LA FABRICATION DES BOIS EXOTIQUES ET INDIGÈNES. Directeur, M. LETIHON, à Sclessin-lez-Liége.
(*Liége.*)

Un modèle de parquet.

N° 1002. — M. CHARLES-FERRON, Emmanuel, à Mons.
(*Hainaut.*)

a. Un lit à ressort.
b-c. Deux chaises percées.
d. Un cadran pour pendule.

N° 1003. — M. LUCK-SCHOHAUS, Constant, à Mons.
(*Hainaut.*)

Un ostensoir gothique en argent, avec lunette enrichie de diamants.

N° 1004. — M. REY, aîné, Joseph, à Bruxelles.
(*Brabant.*)

a. Huit pièces de toile grise.
b. Deux id. blonde.

c.   Trois pièces de toile bleue.

d.   Dix-neuf pièces de toile, demi-blanc de lait.

e.   Trois nappes.

f.   Cinq pièces d'essuie-mains.

g.   Trois id. de serviettes.

h-j.   Deux douzaines de serviettes.

N° 1005. — M. ALLARD, Josse, à Bruxelles.
(Brabant.)

Trois parures, émail.

Trois tabatières.

Six broches.

Une paire de boucles d'oreilles.

Six bracelets.

Six croix.

Deux flambeaux.

Deux calices.

Une garniture de déjeuner : cafetière, pot au lait, théière et sucrier.

N° 1006. — M. MERCKLIN, Joseph, à Ixelles.
(Brabant.)

Un orgue d'église de 16 jeux, faisant 20 registres (14 pieds de hauteur sur 11 de largeur et 10 de profondeur).

N° 1007. — Mlles PRINGIERS, sœurs, à Courtray.
(Flandre occidentale.)

Une pièce de dentelle.

N° 1008. — M. FORTIN, Séraphin, à Bruxelles.
(Brabant.)

Un assortiment de 83 paquets, fil de coton écru et teint.

Nᵇ 1009. — FONDERIE ROYALE DE CANONS.
Directeur, M. le colonel FREDERIX, à Liége.
(Liége.)

a.　Un canon de 24, léger, modèle néerlandais.
b.　Un canon de 24, court, pour pièce de campagne
　　　et de place, modèle belge.
c.　Un canon de 6, long, pour pièce de campagne et
　　　de place, modèle belge.

N° 1010. — MM. CHAUDOIR, Cɴ. et H., à Liége.
(Liége.)

Tubes en laiton pour chaudières de locomotives.

N° 1011. — MM. LAMBERTY, frères, à Stavelot.
(Liége.)

Trente-sept échantillons de pierre à aiguiser.

Nᵇ 1012. — M. STIELDORFF, major de cavalerie,
à Bruxelles.
(Brabant.)

Pivots de manœuvre pour la cavalerie, bases de l'in-
struction théorique et pratique pour neuf escadrons.

N° 1013. — M. VANDAMME, Auguste, à Grammont.
(Flandre orientale.)

a-c.　Brodequins, souliers et pantoufles.

N° 1014. — M. NOURRY, François, à Bruxelles.
(Brabant.)

Un modèle de machine, dite métier à tisser deux pièces,
portant des chaînes montées et mises en confection
par la Société belge du tissage à la mécanique.

N° 1015. — M. CLEUGNIET, Auguste, à Molenbeek-
　　　Saint-Jean.
　　　　(*Brabant.*)

Collection de statuettes et médaillons en plâtre.

N° 1016.— MM. PETTEL, Auguste, et fils, à Bruxelles.
　　　　(*Brabant.*)

Une vitrine renfermant de l'or en manutention; de l'or,
　de l'argent et du platine, fabriqués en feuilles.

N° 1017. — M. DUFOUR, Jean, à Bruxelles.
　　　　(*Brabant.*)

Un globe renfermant :

Une guirlande en brillants, composée de sept bouquets,
　se détachant à volonté, et de diverses feuilles et
　fleurs, pouvant être disposées en busquières.
Une broche, perles fines noires et perles fines blanches,
　avec diamants et émail bleu, et une broche serpent,
　perles fines, rubis et diamants.
Une broche ou agrafe en brillants, avec pendants ou
　larmes.
Un bracelet, émail bleu, composé de vingt-quatre
　brillants, de douze perles et de dix roses.
Un bracelet, émail vert, composé de neuf brillants, de
　vingt-six roses et de deux perles.
Un bracelet, formé d'une feuille en roses, de quarante-
　huit roses et de sept perles.
Un bracelet, formé d'une feuille en roses, de soixante-
　trois roses et de six perles.
Une bague, saphir et roses.
Une bague, brillant, rubis et roses.
Une épingle, nœud en roses et perles.

Une épingle, nœud en roses et perles.
Une vitrine contenant :
Quarante-huit couverts dont vingt-quatre de dessert.
Vingt-quatre cuillers à café.
Six grands couverts, dont trois de dessert, et quatre cuillers à café, avec armoiries en relief.
Un ostensoir.
Un ciboire.
Un calice.
Une garniture à café, forme moyen âge.
Une   id.   petite, à côtes.

N° 1018. — M. JONES, frères, à Bruxelles.
(Brabant.)

a. Un petit coupé Brougham.
b. Une calèche de promenade.
c. Un phaéton-calèche.
d. Un phaéton-cabriolet.
e. Un drowski.

N° 1019. — M. VAN HORENBECK, Joseph, à Malines.
(Anvers.)

a. Une flûte.
b. Une clarinette.

N° 1020. — M. DEBAS, J., à Bruxelles.
(Brabant.)

Un secrétaire en palissandre, avec moulures.

N° 1021. — M. VALLEZ, Jean-Baptiste, à Russeignies.
(Flandre orientale.)

a-b. Deux pièces de toile de lin filé à la main, 7/4.

c-d.   Une pièce de toile de lin filé à la main, 5/4 1/2.

N° 1022. — Mlle BERTRAM, Élouise, à Bruxelles.
(*Brabant.*)

Une aube et un volant en dentelle de Bruxelles.

N° 1023. — M. HANNEUSE, Florent, fils, à Jemmapes.
(*Hainaut.*)

Un baril marqueté.

N° 1024. — M. GUILMARD, Stanislas, à Bruxelles.
(*Brabant.*)

Un vide-bouteilles en fer de fonte.

N° 1025. — M. VAN EECKHOUT, Marin, à Bruxelles.
(*Brabant.*)

Une robe en dentelle, application de Bruxelles.

N° 1026. — M. VASSALLI, E.-M., à Bruxelles.
(*Brabant.*)

Un bureau-Boule, en trois parties.

N° 1027. — M. HORTSMANN, C., à Bruxelles.
(*Brabant.*)

a-b.   Deux pianos à queue, en palissandre.

N° 1028. — M. GEERTS, Charles, à Bruxelles.
(*Brabant.*)

Une paire de bottes à revers.

N° 1029. — M. MEYS, Louis, à Bruxelles.
(Brabant.)

a.   Une console en bronze.
b.   Une console en fer bronzé.
c.   Cinq crosses et entrées en bronze.
d.   Espagnolettes en bronze.

N° 1030. — M. WALSCHAERTS, Égide, à Bruxelles.
(Brabant.)

Un yacht à vapeur (amarré dans le grand bassin, vis-à-
vis de l'Entrepôt).

N° 1031. — M. DEWULFF, Charles, à Bruges,
(Flandre occidentale.)

a-b.   Trois rouleaux de tuyaux de plomb.
c.   Une pyramide de fil de plomb.
d-f.   Trois rouleaux de tuyaux d'étain.
g.   Un pavillon en zinc.

N° 1032. — M. DE HONT, François, à Bruges.
(Flandre occidentale.)

a-b.   Deux calices en argent, ciselés.
c.   Un bénitier en argent, ciselé.
d.   Médaillons en bronze, ciselés.

N° 1033. — ÉCOLE MANUFACTURIÈRE DE CACH-
TEM. Directeur M. PATTYN, vicaire à Cachtem.
(Flandre occidentale.)

a-b.   Échantillons de fil de lin.

N° 1034. — M. BOUVIER, N. J., à Jodoigne.
(*Brabant*)

a-e.   Cinq paquets de fil de lin, n°s 170, 175, 180, 190, 200.

N° 1035. — M. VILAIN, Fʀᴀɴçᴏɪs, à Hellebecq.
(*Hainaut.*)

Une pièce de tissu en fil de lin.

N° 1036. — M. PELSENEER, Pɪᴇʀʀᴇ-Jᴏsᴇᴘʜ-Aʟᴇxɪs, à Bruxelles.
(*Brabant.*)

a.   Une diligence de chemin de fer.
b.   Un char à bancs   id.
c.   Un waggon à voyageurs.

N° 1037. — Mˡˡᵉˢ VANDENBERGHE, à Grammont.
(*Flandre orientale.*)

Une berthe en dentelle noire.

N° 1038. — M. LATINIE, Aʟᴇxᴀɴᴅʀᴇ, à Soignies.
(*Hainaut.*)

Une collection de verres de lunettes.

N° 1039. — M. DUBOIS, J. J., à Liége.
(*Liége.*)

Cartes à jouer.

N° 1040. — M. DECLOEDT, Jᴏsᴇᴘʜ, à Bruges.
(*Flandre occidentale.*)

Un modèle de dévidoir et divers objets exécutés au tour.

Nº 1041. — SOCIÉTÉ ANONYME POUR LA FILATURE DU LIN. Directeur, M. Louis LOUSBERGS, à Malines.

(Anvers.)

a-d. Quatre paquets de fil de lin, nᵒˢ 35, 50, 75, 120.

e-f. Deux paquets d'étoupes, nᵒˢ 16, 40.

Nº 1042. — M. COTTEM, CHARLES, à Bruges.
(Flandre occidentale.)

Une chaise garnie.

Nº 1043. — M. SIRTAINE, FRANÇOIS, à Verviers.
(Liége.)

a-g. Sept pièces de drap.

Nº 1044. — M. DE BUCK, FERDINAND, à Herzele.
(Flandre orientale.)

Un peigne à tisser.

Nº 1045. — M. DE BUCK, PIERRE-LOUIS, à Gontrode.
(Flandre orientale.)

Une pièce de toile, 5,600 fils.

Nº 1046. — M. le chevalier DE KNYFF, E., à Waelhem.
(Anvers.)

Une charrue à creuser des rigoles.

Nº 1047. — Mˡˡᵉ DE HONT, M., à Bruges.
(Flandre occidentale.)

Diverses pièces de dentelle.

Nº 1048. — M. GROSSÉ-ROMAN, J. F., à Bruges.
(*Flandre occidentale.*)

Assortiment de galons en or et en argent.

Nº 1049. — M ENGLEBERT-THONET, Édouard,
à Bruges.
(*Flandre occidentale.*)

Chapeaux divers.

Nº 1050. — M. DERUYTER, Jean, à Bruges.
(*Flandre occidentale.*)

a-b.　　Un harnais pour cheval de tilbury et un collier.

Nº 1051. — M. WEILLER, François-Henri et fils,
à Anvers.
(*Anvers.*)

Un coffre-fort.

Nº 1052. — M. DORZÉE, François, à Boussu.
(*Hainaut.*)

Échelle, dite hélicoïdale, à échelons doubles, en fer,
d'après le système de M. G. Lambert.

Nº 1053. — M. TASSIN, Désiré, à Liége.
(*Liége.*)

Une locomotive de la force de 20 chevaux, destinée au
transport de la houille.

Nº 1054. — M. HENRY, Jean-Joseph, aux forges de
Lasoye, près de Virton.
(*Luxembourg.*)

Échantillons de fer en barres.

N°. 1055. — Mme BERTRAND, à Gand.
(*Flandre orientale.*)

a-d.   Quatre corsets.

N° 1056. — M. CAMMAERTS, Jean-Baptiste,
à Laeken.
(*Brabant.*)

a-b.   Deux rouleaux tapis en poil de vache.
c.   Un   id.   en laine.
d-f.   Trois carpettes   id.
g-k.   Quatre foyers   id.

N° 1057. — CUNIER, Antoine, et Cie, à Bruxelles.
(*Brabant.*)

Vitraux coloriés.

N° 1058. — M. CAPRONNIER, Jean-Baptiste, à
Bruxelles.
(*Brabant.*)

Vitraux coloriés.

N° 1059. — MM. DRAPIER et HOUTART, à Lodelinsart.
(*Hainaut.*)

Représentés par M. G. J. Botte, à Bruxelles.

a.   Cinq verres blancs, de différentes épaisseurs.
b.   Quatre verres demi-blancs.
c.   Trois verres communs.
d.   Trois id. verts, pour serres.
e-f.   Un verre mat et un verre bleu.
g.   Bouteilles de différentes formes.

No 1060. — M. GROSSÉ, Louis, à Bruges.

(*Flandre occidentale.*)

a-h.   Huit coupons de soierie.

i.   Un mantelet satin noir et bleu.

No 1061. — M. BEGHIN, H., à Bruxelles.

(*Brabant.*)

Quatre camées.

No 1062. — M. WINCQZ, PIERRE-JOSEPH, à Soignies.

(*Hainaut.*)

a.   Une tranche de pierre sciée de 8 m. sur 2^m,55 et 0^m,20.

b.   Une tranche de pierre sciée de 4 m sur 1 et 0^m,01.

No 1063. — M. LACROIX, PIERRE-HONORÉ, à Molenbeek-Saint-Jean.

(*Brabant.*)

Cordes d'instruments de musique, etc.

No 1064. — M. DEBOUCQ, PH., à Mons.

(*Hainaut.*)

a-b.   Deux coffres-forts.

No 1065. — MM. GROSSÉ, frères, à Bruges.

(*Flandre occidentale.*)

a.   Échantillons de cocons de vers à soie, et de soies gréges diverses.

b.   Échantillons de soie organsin et de trames écrues et teintes.

No 1066. — M. DELLOYE-MATTHIEU, à Huy.

(*Liége.*)

a-d.   Quatre tôles polies en fer, au bois.

e.   Une tôle au coke de $0^m,90$, sur $1^m,74$.

f.   Une id. au bois de $0^m,80$ sur $3^m,50$.

g.   Une id.   id.   de $1^m,06$ sur $1^m,62$.

h.   Une id. qualité ordinaire, de $1^m,07$ sur $1^m,62$.

Nº 1067. — M. HOUYET, Auguste, à Molenbeek-Saint-Jean.

(*Brabant.*)

a.   Un modèle de machine à peler et glacer le riz.

b.   Un modèle d'appareil à monder et perler l'orge.

c.   Échantillons de produits provenant de ces machines.

Nº 1068. — M. GRISARD, Philippe, à Chaufontaine.

(*Liége.*)

Échantillons de minerai de fer.

Nº 1069. — M. FENNER, J., à Berchem.

(*Anvers.*)

a-f.   Six pièces paramattas et Orléans.

Nº 1070.—SOCIÉTÉ DES MOULINS A VAPEUR, DE BRUXELLES, à Molenbeek-Saint-Jean.

(*Brabant.*)

Échantillons des produits de la société.

FIN DU CATALOGUE.

TROISIÈME PARTIE.

LISTE ALPHABÉTIQUE

DES EXPOSANTS.

A

Noms. MM.	Numéros.	Noms. MM.	Numéros.
Adam, Amédée.	874	Angenot, fils.	629
Aerts, François.	677	Annoot-Braeckman.	172
Aerts, J. G.	417	Anthierens-Maertens.	599
Aertsens, J. G.	820	Arents-Vanden Mersch (Mme).	756
Albert, F. J.	496	Arix, Léopold.	651
Albert, Eugène.	862	Arnould, P.	746
Alexandre et Cie.	240	Arnould, Raymond.	345
Algrain.	427	Art, J. B.	144
Allard, Benoit.	832	Atelier modèle.	675
Allard, J.	1005	Ateliers de charité de la	
Allex, J.	727	ville d'Anvers.	520
Amand, J.	266	Ateliers de charité de Gand.	564
Ance, L.	485	Aubry (Mme Ve).	20
Aucheval et Holvoet.	638	Avanzo et Cie.	812
Andries, P. J.	932		

B

Backelandts.	539	Bailli, Pierre.	69
Baesjou.	995	Baldauf.	827

Noms.	Numéros.	Noms.	Numéros.
MM.		MM.	
Baltus.	149	Bivord, Raymond.	492
Barbanson, Prosper.	350	Blancq-Verschueren.	65
Bartholomé-Vandennaesen.	469	Blankaert, J. B.	102
Bartholomée, Josse.	319	Blanpain, F. J.	500
Bassompierre, Antoine.	480	Blasseau, J. B.	119
Bauchau-Maurissens.	493	Blavier, J.	415
Baudewyn, J.	407	Blomme-Dedeurwaerder.	774
Bauduin, J. J.	18	Blondel (baron Jules de).	355
Baugey.	58	Boch, frères.	177
Bauthier, Édouard.	4	Boetman-de Vos.	368
Bauthier, Emmanuel.	80	Boey, J. B.	322
Bayard.	148	Bogaerts.	597
Beauchau de Barré.	254	Bombeke, Aug.	855
Beaulieu, A.	936	Bongaerts, François.	92
Becquet, Ernest.	244	Boniver, frères.	158
Beck, père et fils.	456	Bonne, Albert.	582
Beels, Fr.	678	Bonneels-Wittouckx.	872
Begasse.	456	Bonneels, T. F.	460
Beghin, H.	1061	Bonnefoy et Groscol.	883
Belval-Delehove.	488	Boons, Grégoire.	85
Berden, F. et Cie.	703	Borgers, P. J.	808
Berlemont-Delvaux.	640	Bosquet, J. F.	54
Berlemont-Réy.	642	Bosquet. L.	961
Bernaert.	505	Bostels-Gerninckx.	568
Bernaert, Jacques.	295	Boty, Alexandre.	161
Bernus, Louis.	264	Boucher, Théophile.	184
Berthelot-Bonte et Cie.	66	Bouckaert, frères.	897
Bertouille-Léandre.	394	Boucneau, F.	791
Bertram (Mlle).	1022	Boudier, Auguste.	785
Bertrand (Mme).	1055	Bouquié.	445
Berwaerts, Guillaume.	533	Boulle, Joseph.	698
Bevernage, Joseph.	185	Bouré, B., fils.	48
Bex (Mlle Catharina).	219	Bourleau, L.	432
Billiau-Legrou.	777	Bouten-Holvoet et d'Hont.	391
Biolley et fils.	542	Bouvier.	1034
Biondetti, père et fils.	624	Brasseur, Eugène.	543
Biondetti, Paul	905	Brepols et Dierckx.	98
Biot, J.	966	Bregère, François.	734

Noms.	Numéros.	Noms.	Numéros
MM.		MM.	
Costermans, Jean.	695	Coüvert, César-Romain.	950
Cottein, Charles.	1042	Coüvreur, J.	919
Coürtecuisse, François.	871	Covens, Jean-Baptiste.	873
Convent des sœurs de Charité		Cunier, Antoine et Cie.	1057
d'Eecloo.	589	Cüré, Antoine.	498

D

Daems.	782	Debrouwer, Émile.	369
Damas, Mathieu.	514	Debruyn-Lievin.	313
Damade, Charles.	844	De Buck, Ferdinand.	1044
Danhieux, J. B.	558	De Buck, P. L.	1045
Danjou, Philippe.	907	Decartier d'Yves.	755
Danneau, D. J.	579	De Changy, Ch. fils.	386
Dansaert, M.	251	Decharneux, Nicolas.	87
Dansaert, Antoine.	691	Declercq, frères.	164
D'Arches, Victor.	699	Declercq, F. et Cie.	641
Dauty, Édouard.	145	Deploedt, J.	1040
Daveluy-Delhougne.	581	Decock, Sylvestre.	672
Debacker, J. J.	718	Decock-Wattrelot.	805
Debas, J. N.	1020	Decressonnières.	788
Debaune, Ulric.	658	De Croupet, Sébastien.	151
Debauque, L. A.	309	De Cunsel, Ch.	869
Debbaudt, frères.	77	Dees, Ch.	406
Debebr, frères.	55	Defoere.	606
Debehault-Ducarmois.	222	Defoort.	365
De Belie, Charles.	124	De Foort (Mlle Annette).	600
Debeveren, Constant.	67	Defrenne (Mlle Sophie).	536
Debien, Bernard.	300	Defuisseaux.	162
De Bock, Herman.	416	Degobert (Ve).	283
Debontridder, Henri.	408	Degrave, Pierre.	281
Deboucq, Ph.	1064	Dehaerne, Désiré.	536
Debrauwer-Houthaeye.	468	Debemptinne, F.	201
De Bremacker, Alexis.	860	Dehennault.	866
Debremacker et fils.	870	Debertoghe, G. R.	30
De Bremacker, E.	380	Dehesselle, A. J.	704
De Brender, Jean.	214	De Hont, F.	1052

Noms.	Numéros.	Noms.	Numéros.
MM.		MM.	
De Hont (Mᴵˡᵉ).	1047	Depoorter-Rofflaen.	781
Dehousse, fils.	959	Depoorter, Ch.	725
De Keghel, Jacques.	186	Depotter, Adolphe.	402
De Kemmeter, Alexandre.	784	De Potter, Charles.	896
De Keyn, frères.	938	Deppe, D.	537
Dekeyser, Michel.	859	Deprez, Henri.	459
De Knyff, Chevalier E.	1046	Deprez, Florent.	401
Delantheere-Pleevoets.	562	De Prez, J. F.	132
Delaroyer et Spinnael.	152	Dequinnemar, F.	441
Delcambre, Isidore.	470	Deramant, Joseph.	632
Deldime.	352	Derche, Vincent.	190
Deldime, Louis.	720	Derest et Cⁱᵉ (MMᵐᵉˢ).	487
Deleemans, Th.	956	Derette, Pierre.	82
Delemare (Mᵐᵉ Vᵉ).	45	Derob, Louis.	206
Delesque, J.	1000	Deroo.	859
Deleuze, N. J.	934	Derosne-Cail et Cⁱᵉ.	929
Delfosse et Cⁱᵉ.	75	De Rosée (le baron Adolphe).	921
Delheid et fils.	461	Deroubaix, Gilbert.	347
Delin, François.	404	Derudder, Égide.	457
Delloye-Dautrebande.	314	Deruyter, Jean.	1060
Delloye, Hyacinthe.	324	Deryckere, frères et sœurs.	130
Delloye-Matthieu.	1066	Derykere, Ed.	233
Delobel, B.	769	De Saint-Hubert.	873
Delorge, Gérard.	217	Deschiros, Adolphe.	736
Delrez et Loupart.	626	Descy, frères.	274
Delstanche.	998	Desmet, Édouard.	409
Deltenre-Walken.	778	Desombrets, Constantin.	229
Demahieu, Hippolyte.	535	Desomer, Ph.	196
Deman, Louis.	826	Desouroux et Cⁱᵉ.	157
Deman, P.	939	Destropper, Ch. F.	118
Demanet, Ch.	478	Detry.	19
Demesmaeker, F.	408	Devries-Vermeylen.	100
Demoon-Muys.	325	Devis, Eugène.	616
Demunter, Gabriel.	126	Devos (Mᴵˡᵉ).	603
Demunter, Gaspard.	284	Devos, François.	338
Demuynck, B.	157	Dewan, Martin.	645
Denis, Charles	910	Dewerveirne, F.	170
Deploeg, Adolphe.	878	Dewèse, François.	65

F

Noms.	Numéros.	Noms.	Numéros.
MM.		**MM.**	
Faber, Emmanuel.	75	Florence, Joseph.	657
Fabrique belge de laines peignées (Lardinois).	547	Fonderie royale de canons.	1009
		Fonson frères.	289
Faes, Charles.	383	Fonteyne, Jules.	298
Faignot, Théodore.	248	Fortamps et Cⁱᵉ.	103
Fairon, J.	908	Fortin, Séraphin.	1008
Falise et Trapmann.	143	Fourjean, Marie (Mᵐᵉ).	16
Falloise.	413	Fournel, Alexandre.	656
Fauconnier-Delire (Mᵐᵉ Vᶜ).	611	Fourny, J. B.	302
Fayn, N.	146	Fraikin.	509
Felhoen, frères.	337	Franc, J. B.	433
Felhoen-Van Tieghem.	918	Franchomme.	382
Fenner, J.	1069	Francotte, Clément.	692
Ferrier de Tourette.	55	Fretigny, L.	802
Ferdinand, Henri.	105	Frison, Jules.	125
Feys, Fidèle.	666	Frotteyn, Augustin.	276
Fievez, Désiré.	875	Fusenot, Charles.	634
Flamache, Hubert.	505		

G

Noms.	Numéros.	Noms.	Numéros.
Gaelens, Louis.	511	Gerard et Hubens.	147
Gaillard, Louis.	551	Gerards, Michel.	403
Ganton, Nicolas.	848	Gerard-Gofflot.	618
Garemyn, Marie (Mˡˡᵉ).	282	Gerardi et Liégeois, Antoine.	522
Gassée, Pierre.	581	Gerbout, Louis.	91
Gavage, Léonard.	506	Géruzet, Jules.	481
Geerts, Charles.	1028	Ghislain, Guillaume-Marie.	424
Geill, F. et Cⁱᵉ.	530	Gieleghem, Pierre.	453
Geldhof, Samuel.	287	Gillet, Édouard.	654
Geleeds, Charles.	999	Gilson, Jacques.	239
Gendebien et Houyet.	527	Glatiny, J. B.	512
Gerard, Dieudonné.	159	Glenisson et Van Genechten.	589

Noms.	Numéros.	Noms.	Numéros.
MM.		**MM.**	
Gob, Jacques.	841	Greuze, Charles.	70
Godard, Charles.	723	Grisard, Philippe.	1068
Goebel, Charles.	545	Grossé-Roman, J. F.	1048
Goethaels, Aug.	575	Grossé, Louis.	1060
Goethals, Ferdinand.	572	Grossé, frères.	1065
Gois, Jean-Joseph.	705	Guerville, Paul-Eustache-	
Gombert, Annette (Mme).	534	Henri de	512
Gonnod (Mme Ve).	438	Guibal.	158
Goossens, Thomas.	947	Guillery, Étienne.	241
Gosselin, Célestine (Mlle).	623	Guilmar, Madame.	952
Gosset, Charles.	578	Guilmar, Stanislas.	1024
Govaerts, Louis.	475	Guilmot, Valentin-Joseph.	724
Govart, Philippe.	78	Gunther, Jacques.	783
Goyers, Jean.	95	Gütjung, Pierre.	880
Grangé, J. J.	442	Gys, Pierre.	581

H

Noms.	Numéros.	Noms.	Numéros.
Haegens, Charles.	188	Helinckx, Jean.	890
Haeser, Laurent.	764	Henry, J. J.	1054
Hallin, J. P.	520	Henry, P.	247
Halluin, frères.	39	Herrinckx, François.	64
Hamoir et Deby.	43	Hernalsteen, J.-Joseph.	945
Hanicq, P. J.	346	Hesnault, Auguste et frère.	216
Hanneuse, Florent, fils.	1023	Hinthel, Jean.	620
Hansotte-Delloye.	13	Hiver et Migeot.	788
Hanssens-Hap, Benoit.	696	Hody, Joseph.	29
Hap, Albert-Joseph.	829	Hoeberechts, Lambert et fils.	714
Hartwig, George.	99	Hoffman, Frédéric.	507
Haseleer, Joseph.	94	Holberechts, Pierre.	327
Hayez, Marcel.	57	Honhon, Guillaume.	107
Hebert, Alex.	973	Hoogstoel, Louis.	847
Heger, Jules.	676	Horstmann, C.	1027
Hegh et Daems.	881	Houyet, Auguste.	1067
Hégle, Charles.	924	Hulpiau, Louis.	203
Heldenstein, François.	472	Huyaux-Divry.	171
Helin, François.	75		

I

Noms. MM.	Numéros.	Noms. MM.	Numéros.
Idiers, Jh.	719	Izouard, Esprit.	450
Imbrecht, Parmentier.	775		

J

Noms.	Numéros.	Noms.	Numéros.
Jacobs-de Donker, Ph.	1021	Jeslein, J. B.	238
Jacqmain, Gustave.	212	Jobart-Demptinnes, Antoine.	253
Jacquet, Maximilien-Joseph.	965	Jobart-Lion, Jules.	255
Jacquot, François.	650	Joye, Joseph.	367
Jamar, Alexandre.	293	Jones, frères.	1018
Janmart, Charles.	317	Jonet, Dominique.	426
Janmart, Richard.	363	Jonniaux, Zacharie.	181
Jans.	225	Jorez, Louis, fils.	619
Jans, Michel.	11	Joris, Charles.	425
Jansen, Adolphe.	702	Jorissen, Laurent.	434
Janssens, Jacques.	296	Jossart, François.	987
Janssens-Vercruysse.	340	Jourdain, Louis.	155
Jastrzebski, Félix.	227	Jouve.	888
Jeger, fils.	237	Judo, J. B.	23
Jelie, J. B.	972		

K

Noms.	Numéros.	Noms.	Numéros.
Kauwerts.	713	Kiewert, Paul.	28
Kelecom-Ronse.	313	Kissing et Cⁱᵉ.	541
Keller, Henri.	141	Kistemaekers, H.	27
Kensters, Henri.	76	Kœning, Adolphe.	59
Kennis et Van Mechelen.	269	Kœcks-Wauters.	792
Keymolen et Lamal.	546	Kums, Édouard.	968

L

Noms.	Numéros.	Noms.	Numéros.
MM.		**MM.**	
Labeau, Henri-Jacques.	490	Lejeune, Eudoxie-Thérèse.	943
Lacambre, Georges.	526	Lélorain, Auguste.	306
Lacroix-Crotheux.	112	Lémaieur-Delige et Cie.	236
Lacroix, Pierre-Honoré.	1063	Lemielle, Théodore.	265
Ladoubée-Lejeune, Charles.	935	Lænaerts, Pierre.	25
Lagasse, Laurent.	331	Lenoir-Delaere, L.	797
Lagnier et Mailly.	430	Lenoir-Soenen.	942
Labousse, Marie.	332	Lepage-Kina.	923
Lainglet (Mme).	507	Leroy, François.	211
Lamal, Norbert.	822	Leroy (Mlle Françoise).	101
Lambert, M. G.	167	Leroy, F. J.	553
Lamberty, frères.	1011	Leroy, Michel.	685
Lambotte, Nicolas.	716	Leroux, Jean-Marie.	951
Lambour, Antoine.	325	Lexin, Charles.	175
Lamotte, Joseph.	465	Leytens, Auguste.	431
Landa, Joseph.	46	Libert, Jacques-Jos.	539
Landois, Auguste.	258	Libert-Verheyden, Melchior.	385
Laroche, Pierre, fils.	991	Libotton, Adolphe.	294
Laruelle-Vandoren, Benoit.	111	Lielens, Guillaume.	700
Lantheere, Frans.	571	Liénaert-Chaffaux (Ve).	559
Latinie, Alex.	1038	Lievain, Louis.	712
Laurent, Alexandre.	131	Lieutenant et Peltzer.	708
Laurent, Auguste.	644	Lippens, Polydore.	501
Laurent, Joseph-Gaspard.	42	Livyn, Benoit.	577
Laureys, François.	534	Lombaerts, Jean-François.	844
Leclerc, Augustin-Joseph.	940	Loret, Hippolyte.	904
Lee-Vannieuwenbuyze.	776	Loret-Vermeersch, François.	831
Leefdael (Haut fourneau de).	948	Lotar, Alexandre.	811
Lefebvre, Alexis.	817	Loth, Charles-Albert.	732
Lefebvre-Closset, fils.	913	Lottin (Mme Ve).	268
Lefebvre, Eugène.	761	Loyard, Henri.	438
Léger et Devlieger.	479	Luck-Schobans, Constant.	1003
Legras, François.	508	Luyten, Jean.	818

M

Noms.	Numéros.	Noms.	Numéros.
MM.		MM.	
Mabesoone-Bogaert.	280	Mathys, Martin.	387
Maenhout, B. L.	200	Mayné, Ph.	405
Maes, Louis.	10	Mazeman, née Vantroosten-	
Magis, J.	437	berghe (Mme).	605
Magnée, François.	57	Màzeman-Vantroostenberghe	837
Mabieu, Amand.	766	Meert, Bernard.	68
Mahillon, Barthélemy.	540	Meert-Moens.	221
Mahillon, Charles.	861	Meganck, E.	757
Maibe, Hugues-Paul.	249	Mellaerts, François.	71
Maison de bienfaisance des		Menant, Louis.	799
sœurs hospitalières de		Mestdag, Pierre-Jean.	573
Saint - Vincent - de - Paule.		Mercklin, Jos.	1006
(Supérieure, la sœur Sta-		Mertens, Michel.	473
nislas.)	588	Meunier (Mme), née Heris.	750
Malcorps (Ve).	633	Meur, Albert.	81
Malherbe, Ph.-Jos.	793	Meurant, Édouard.	38
Mangam, Nicolas-François.	72	Mevius, Charles.	849
Mangeot, Henri.	621	Meys, L.	1029
Marchais, Jean-René.	648	Michel, J. B.	871
Marchal, Désiré.	856	Michel, Norbert.	504
Marlier, Ernest.	518	Michiels, Henri.	740
Marot, Eugène.	304	Michiels, Jean.	568
Martin, J. B.	772	Michiels, Josse.	136
Maryn, Joseph.	630	Millis, Pierre.	14
Marynen-Vues, J.	738	Misson.	150
Mascré, Julien J. J.	228	Moulaert-Devos (Mme).	603
Massardo (Mme Ve).	901	Moll, David.	176
Mathieu.	803	Mollet, Hippolyte.	431
Mathieux, frères.	499	Mongon, J. B.	760
Mathieux, Ferdinand.	553	Monseu, J.	955
Matolet, Antoine.	960	Monthuy, Albert.	341
Mattern, Henri.	9	Montigny, P. C. et fils.	505
Mathys, Jean.	262	Mortgat, Alida, épouse Vidal.	261
Mathys, Jean, aîné.	798	Mueseler, Mathieu-Louis.	928

N

Noms. MM.	Numéros.	Noms. MM.	Numéros.
Nagelmakers et Lesoine.	824	Nelis, Louis.	583
Naudin, Henri.	741	Nelis, Josse.	584
Nauwelaers, P. L.	903	Neubert (Mme Ve) Charles.	867
Nazaire-Streulens.	260	Noël, Joseph.	937
Neelmans-D'Havé.	561	Nollet, Charles.	208
Niewekerken, frères.	400	Nourry, Jean-François.	1014
Nelis, Jean.	17	Nys, Guillaume.	419

O

Noms	Numéros	Noms	Numéros
Obach, Norbert.	674	Urban et fils.	823
Obry, Pierre-Jos.	429	Orlay, frères.	123
Odeurs, Jean.	270	Orval, frères.	911
Okninsky, Stanislas.	980	Oscé, François.	709
Olivier, J. B.	174	Otlet-Dupont, J.	722
Ondereet, Charles.	205	Oudoux-Thurion, François.	89
Oorloff, Jos.-Ph.	962		

P

Noms	Numéros	Noms	Numéros
Page, Laurent.	842	Pauwels, François.	549
Pagny, Auguste.	109	Pellat, Romain.	613
Pallée.	520	Pelseneer, Guillaume.	835
Pareit (Mlle Adélaïde).	344	Pelseneer, Alexis.	1036 et 448
Parent, Florimond.	656	Pérée, J. A.	922
Parmentier, Louis.	596	Persoons, François.	902
Parmentier, Pierre.	665	Peters, Ernest.	954
Parqui, Pierre.	279	Peeters, Pierre.	854
Pastor-Bertrand et Cie.	235	Petit, Charles.	165
Paternostre, Jérôme.	114	Petitjean-Rogissart, Jules.	359
Paul, Célestin.	175	Porrard, Jos.	852
Paul-Moentack.	604	Pettel, Auguste et fils.	1016

Noms. MM.	Numéros.	Noms. MM.	Numéros.
Philips, Meyer.	223	Plum (Mlle Jeannette).	56
Pholien, P. A.	894	Plumat, Emmanuel.	179
Picard, Edmond.	683	Poisson, Jules.	372
Pierard, Hyacinthe.	197	Polcke, J.	285
Piercot, René.	806	Polley, P.	767
Pierlot, Auguste.	310	Ponfoort, J.	865
Pierard, Lambert.	316	Ponseele, Édouard.	428
Pierre, Gustave.	728	Portois, Pierre.	864
Pieters, Alphonse.	106	Pouillon, François.	351
Pieters, Eugène-Auguste.	192	Pouliart, J. B.	377
Piot (Mlle Eliza).	884	Pousseur, Alex.	358
Pipart, Alex.	447	Prévost-Brouillet.	348
Pirenet, Joseph.	647	Pringiers (Mlles), sœurs.	1007
Pissoort, Joseph.	661	Prudent-Gramet, Francois.	79
Pleevoets-de Lanthcere.	562	Puffet, Jean-Baptiste.	557
Plomdeur, Nicolas.	114		

Q

Quanonne-Goudeman.	988		

R

Noms.	Numéros.	Noms.	Numéros.
Ramoux (Mlle).	912	Renkin, Henri.	681
Rang, Pierre.	518	Renault, F. A.	804
Raymond, Gérard-Jos	515	Renoz-de Borlé, Henri.	996
Recour, Charles.	834	Requilé-Delhez.	140
Regibo, Joseph.	898	Reusse, Hippolyte.	245
Rémacle, Gustave.	115	Rey, H. J., aîné.	1004
Remacle et Pérard.	7	Reynaert (Mlle Charlotte).	585
Remion.	12	Reynaert, Jean.	362
Remy, Jean-Baptiste.	814	Ricard, jeune et Cie.	851
Renard, Pierre-Louis.	519	Riemslagh et sœurs.	26
Renard, J. B.	444	Rits, Charles.	926
Renier-Lémoine.	411	Riche et Cie.	250

Noms.	Numéros.	Noms.	Numéros.
MM.		**MM.**	
Ristmaekers, Henri.	27	Romedenne, Antoine.	272
Robert, Jules.	830	Rommel, Yves.	345
Robion, Norbert.	825	Rongé, François.	982
Robineau, Louis.	885	Roukar, Jacques.	8
Robyt, Louis.	706	Roseau, A.	627
Roch-Devroe.	882	Rosée (baron Alphonse de).	921
Rodenbach-Marant.	931	Rosée (baron Adolphe de).	267
Roelandts, frères.	759	Rossew-Glorieux (Mme Ve).	454
Roels, François.	209	Roulé, A. F.	815
Roels, Jules.	835	Roy-Duchaine et Cie.	693
Roland et Joiris.	420	Rubay-Dion.	595
Rombouts (Mme P.).	739		

S

Noms	Num	Noms	Num
Sablon, Lambert.	422	Seny et Leclère.	517
Sabot, Jean.	297	Severyns, Guillaume.	349
Sacré, Édouard.	962	Serezia-Gazet.	610
Saffre (Mme Ve).	794	Servais, F. X.	941
Sandoz, Virgile.	857	Sibille, J. B.	275
Schaveye, P. C.	779	Siéron, L.	690
Scheidtweiler, Théodore.	439	Simon, Guillaume-Jos.	689
Schelstraete, Louis.	796	Sirejacob, Daniel A.	790
Scheppers, François.	846	Sirejacob, Félix.	788
Scherers, Cornélis.	410	Sirtaine, François.	1043
Schilders.	375	Slimbroek, Jacques.	590
Schirmer, Henriette, épouse Coche.	290	Smet, Joseph.	749
Schmidt-Froignu, P.	800	Smets, Édouard.	409
Schneider (Mme Conrad, née Fleck).	50	Smits, Adrien.	660
		Sneibler, B. R.	576
Schneider, Jean.	617	Snoeck, Chrétien.	524
Schotmans, François.	993	Société anonyme du Phœnix.	930
Seghers, B.	208	Société anonyme pour la filature du lin, à Malines.	1041
Seghers, J. Jos.	135	Société anonyme pour la fabrication des bois exotiques et indigènes.	1001
Seghers, Louis.	308		
Semet, Louis et Cie.	707		

Noms.	Numéros.	Noms.	Numéros.
MM.		**MM.**	
Société anonyme des établissements de John Cockerill.	989	Société de la Lys.	213
Société anonyme, manufacture royale de tapis, à Tournay.	484	Société de l'Espérance.	224
		Société linière de Saint-Léonard.	964
Société anonyme de Saint-Léonard.	6	Société Rochebeaux.	516
Société anonyme des carrières de Rombaux.	969	Société belge de tissage mécanique, à Ixelles.	775
		Société de Védrin.	246
Société anonyme des Hauts-Fourneaux de Monceaux-sur-Sambre, directeur M. Goffart.	1	Société de la Vieille Montagne.	529
		Société des moulins à vapeur, à Molenbeek-Saint-Jean.	1070
Société anonyme de Couillet.	828	Sommers, J. B.	554
		Somzé, cadet.	471
Société anonyme des manufactures de glaces, à Bruxelles.	887	Sorel et Warin.	548
		Souris, Fr.	552
Société anonyme pour la fabrication des soieries, à Lierre.	710	Spellemaekers, J. B.	360
		Stadeleer, Guillaume.	688
		Staels, P. Jean.	310
Société anonyme des forges de Clabecq, directeurs MM. Nestor et Godard.	2	Staes, J. B.	231
		Staffyn, Jos.	838
Société anonyme des forges et laminoirs de l'Heure.	5	Stainière, Stanislas.	909
		Stainière, Dieudonné.	886
Société des Beaux-Arts, à Bruxelles.	682	Stanus, Joseph.	169
		Stembert, P. G., fils.	974
		Stevens, sœurs.	809
Société bruxelloise pour le tannage, etc.	850	Stevens, L.	550
		Stieldorff, major.	1012
Société charbonnière de Strépy Bracquegnies.	920	Stoclet, Adolphe.	388
		Stoefs, Josse.	684
Société linière gantoise.	567	Strohn, D.	88
		Sues-Fouquet, (Mme V^e).	933

T

Noms.	Numéros.	Noms.	Numéros.
Taby-Pestiaux.	750	Tassin, Désiré.	1053
Tardif, Eugène.	328	Tempels, Daniel.	737

16

Noms.	Numéros.	Noms.	Numéros.
MM.		**MM.**	
Teichmann, François.	992	Timmery, Henri.	836
Terris, Jean.	949	Touche-Gillis.	669
Thémar, T. J.	679	Tournay, O., et Cie.	552
Theunissens, François.	726	Treseniers, Ant.	925
Theys, J. J.	127	Troulier, Adrien-Jos.	435
Thiellens-Janssens.	697	Troupin, J. P.	653
Tibaux-Godtschalck.	967	Troupin, J. L.	652
Tilly, Jos. Guill.	96	Truffaut-Verwee.	464
Timmermans, Clément.	93	Trumper, Pierre.	474

U

Usine de Marche-les-Dames. 263 | Uytroeven, Édouard. 52

V

Vachet (Mme).	813	Vandelaer, Paul.	291
Valcke, C. A., et Cie.	976	Vandenberghe (Mlles).	1057
Vallez, J. B.	1021	Vandenbosch, François.	335
Vanackere et Pareit.	664	Vandenbosch-Dewaele.	215
Vanbellinghen, J. H.	74	Vanden Brande et Cie.	557
Vanbeneden-Bruers. J. B.	997	Vanden Brande et Cie et	
Vannalleynnes-Schockeel.	770	Dekeyn, frères.	558
Vanbeneden, Guillaume.	971	Vandenbrouck, Benoît.	953
Vanbraekem, Joseph.	86	Vandenbroeck, Dominique.	622
Van Calster (Mlle).	51	Vandenbroek, Emmanuel.	729
Van Costenoblé, P., aîné.	230	Vandenhaute, Denis.	753
Van Cutsem et Verbrugghen.	139	Vandenkerkhoven, J. F.	984
Vandalsum, Philippe.	202	Vandenkieboom, Jacques.	395
Vandamme, Auguste.	594	Vandercamer, A. Jos.	983
Vandamme, Auguste.	1013	Vandercammer, Jacques.	892
Vandamme, Jean.	574	Vanderecht, Édouard.	631
Vandecasteele, Charles.	602	Vanderhaegen-Van Overloop,	
Vandekerkhove, Jean.	944	J. B.	256

Noms.	Numéros.	Noms.	Numéros.
MM.		MM.	
Vanderhecht-Chrétien, Jean.	957	Van Kiel, sœurs.	373
Vanderheyden, Pascal.	384	Vanlanghenhove, H. J.	565
Vanderkelen-Bresson, J. F.	958	Vanlanghenhove-Vanacken.	566
Vanderlinden, Jean.	845	Vanlierde, André.	278
Vandermeghel et Cie.	662	Vanlinthout et Vandezande.	695
Vanderoost, Michel.	643	Vanloey, F.	398
Vandersmissen, P.	855	Van Meldert, frère et sœur.	758
Vandervennet, Ferdinaud.	580	Van Mierlo, aîné.	305
Vandevelde, Norbert.	199	Van Moer, Henri.	625
Vandeweghe, Hubert.	163	Van Molle, E. J.	376
Vandonck, P. L.	863	Van Montagu.	569
Vandris-Freniau.	370	Vanneste, François.	218
Vandriesche, Séraphin.	210	Vanneste, J. B.	763
Van Eecke, A.	768	Van Nierbeek, Mlle Agathe.	15
Van Eeckhoven, J. B.	819	Van Nieuwenborg, Josse.	121
Van Eeckhout, Marin.	1025	Van Noten, frères.	399
Van Elewyck, J. J.	378	Vanouche, Edelbert.	668
Van Elewyck, Jacques.	483	Vanryckeghem, Adolphe.	821
Van Elewyck et Braine.	762	Vanschoubroek et Gerardi.	257
Vannesschen, N. G.	571	Vantricht (Mme).	946
Van Engelen, P., fils.	33	Vantruyen, P.	649
Van Eyck-De Block.	128	Van Waefelghem, L.	364
Vangael, Nicolas.	277	Vassali, E. M.	1026
Vangeeteruyen, J. F.	191	Vasseur, Louis.	511
Vangelder, J. B.	754	Velghe, P.	879
Vangenechten, J. L.	528	Velghe-Verhamme.	466
Van Gheluwe-Rodenbach.	342	Verbecke, J. B.	452
Vanhaeken, Jean-André.	593	Verheckt, Hippolyte.	970
Van Halle, François.	816	Verbesselt, François.	113
Van Halle, J. A.	745	Verbist, frères.	659
Vanhemelryck, J. F.	421	Vercruysse-Brunel.	467
Van Heyst, T.	486	Vercruysse-Carpentier.	455
Vanhoecke, Lowie.	900	Verdoodt, Henri.	743
Vanhoeke, Ch. F.	286	Verdonck, Jos.	489
Vanhove, Sylvestre.	183	Verhasselt, François.	985
Vanhoof, J. B.	612	Verheugen, Ch.	899
Vanhorenbeck, Jos.	1019	Verheyden, L. M.	385
Vankersbilck (Mme Ve).	120	Verheyen, P. J.	254

Noms.	Numéros.	Noms.	Numéros.
MM.		**MM.**	
Verhoye, Théod.	592	Vincke, Florimond.	566
Verhulst, Eugène.	329	Vivario-Plomdeur.	701
Verleye, J B.	680	Vleck, Marie, ép. Comeyne.	628
Vermeiren, Corneille.	744	Vloeberghs et Cie.	36
Vermeulen, François.	597	Vogelsangs, Jacques.	731
Vermeulen et Vanderspiet.	54	Vrancx, P.	810
Verreyt, Jacques.	876	Vriens, Gérard.	889
Verstraeten-Penneman.	84	Vriens-Degenaert, frères.	374
Verwee-Vandurme.	895	Vuillaume, François.	843
Vilain, François.	1035		

W

Noms.	Numéros.	Noms.	Numéros.
Waersegers, F.	22	Weiller, Fr. Henri.	1051
Wagener, Amand.	556	Werotte, Alexandre.	271
Wahlen, Adolphe.	977	Wesmael-Legros, Adolphe.	554
Walkiers-Devadder.	753	Wiemès, P. J.	670
Wallaert, Adolphe.	955	Wilford, William.	116
Walschaerts, Égide.	1030	Wilmart, François.	494
Walschaerts, Marie, épouse Biondetti.	906	Wilmotte-Jamblin, J. B.	90
		Winand, Louis.	497
Walters-Schelders.	482	Wincqz, Pierre-Joseph.	1062
Ward, John.	193	Wolfers, Guillaume.	462
Watrice-Houtoy, L.	491	Wood, William.	551
Wauters-Koeckx.	792	Wouwermans, Josse.	717
Weber, Georges.	868	Wynants, C.	590
Weil-Barenhart et Cie.	646	Wurth, P. A.	513

X

Xhoffray et Cie.	142	

Y

Noms.	Numéros.	Noms.	Numéros.
Young-Bingham.	117	Ysebaert, J. B.	156

Z

Zoude, L., et Cie.	986

QUATRIÈME PARTIE.

TABLE ALPHABÉTIQUE

DES

INDUSTRIES

DONT LES PRODUITS FIGURENT A L'EXPOSITION.

A

Noms.	Numéros du catalogue.
Acier. — Objets en acier.	6 – 687.
Agriculture (instruments d').	6 — 270 — 271 — 272 — 273 — 557 — 558 — 427 — 592 — 998 — 1046.
Anatomie (objets d').	55.
Animaux empaillés.	68—677—742.
Appareils d'éclairage.	147—161 —243 —248—495 —830 —892.
Ardoises.	355—510—511—512—514—515 —520—523.
Architecture (modèles d') — Toits, tours, escaliers, etc.	25—112—614.
Armes.	22 — 143 — 414 — 423 — 425—477 —503—540 — 569—621 —634 —639— 681—701—702—793 —824.

B

Noms.	Numéros du catalogue.
Bijouterie.	48 — 413 — 423 — 437 — 1005 — 1017—1061.
Bimbeloterie.	475 — 615 — 827—877.
Bois. — Ouvrages tournés et sculptés, etc.	25 — 69 — 91 — 183 — 240 — 284 — 356—581 — 598 — 667 — 672 — 680—877—901—1040.
Bonneterie.	146—171—182—223— 541—544 —614—888.
Bougies.	367—480—784—790—988.
Briques.	184—448 —707.
Broderie.	50 — 51—101 — 114 — 220 — 290 — 321—934—943.
Bronzes.	136 — 237 — 415 — 481 — 483 — 1029.
Brosserie.	130—471—635—903—914—966.

C

Noms.	Numéros du catalogue.
Calligraphie.	17—32—57—629—944.
Canons (fonte de).	224—241.
Caoutchouc (Objets divers en).	421—933.
Carrosserie.	154—251 — 309—461—474—558 — 633—700 — 764 — 803 — 821 —875—939—954— 982—1018 —1036.
Cartes à jouer.	353—361—499—1039.
Cartons.	89—247.
Carton-pierre (Ouvrages en).	788—870.
Chapellerie.	96 — 121—595 — 650—712—811 —1049.
Chandelles.	584.

Noms.	Numéros du catalogue.
Chanvre.	302—593.
Chaudronnerie.	2—3—176—248 — 263 — 595 — 492—493 — 528—531—806— 921—996.
Cheveux (Ouvrages en).	45—496—741.
Chicorée.	275.
Chimie.—Produits chimiques.	43—53—58—59—71—72—77— 97—100—135—156—187--191 —208 — 211 — 244—246—269 —330—587 — 418— 434—449 —488— 508 — 509 — 526—591 — 638 — 654 — 697—717—723 —729 — 772—778— 819—951 —947.
Chirurgie (instruments de).	226— 460—624 — 709—905—906 —941.
Chocolat. — Pièces montées en chocolat.	535.
Cire (objets en).	110—347—913.
Ciselure.	175—204—397—446— 462—844 —925—969—1032.
Clous, chevilles, etc.	39—180—690—894.
Colle-forte.	13—206—245—380—697.
Cordes.	242—276—320—895.
Cordes d'instruments de musique.	1063.
Cordonnerie.	75—126—297—301 — 416 — 428 —597 — 627—632 — 643—772 — 814— 850—886— 898—909 — 919 —947—1013—1028.
Corsets.	41—197— 214— 261—307— 329 —333—628—952—997—1055.
Coton.— Étoffes de coton. — Cotonnettes.	31—81—83—84— 85—118—120 —190—201—215—222—231 —274— 323— 342 — 382—394

Noms.	Numéros du catalogue.
	—451 — 513 — 517—551—559 —560—561 — 577 — 579—612 —614 — 640 — 642 — 675— 689 —719—738—763— 775 —780 —789 — 794 — 796 — 802—807 —832—890.
Coutellerie.	102 — 169 — 312 — 345.
Crins.	27—34—106—108—711—834.
Cristallerie.	131—483—771—887—986.
Cuivre (Objets divers).	8 — 38—415—423—492—493— 498—528—531 — 543 — 645— 692—744—820—921—922.

D

Daguerréotype (portraits au).	963.
Dents artificielles.	303—727—878.
Dentelles.	15—16—49—123— 256 — 334— 336—373— 375 — 535 — 536— 585—587—588— 589 — 599— 600—601—602— 603 — 604— 605—606—607— 608 — 609— 610—646—691— 693 — 706— 721—739—756 — 809 — 810— 855—912—918— 923 — 958— 975—976—1007—1022—1025 1037—1047.
Dorures.	136—446—482—622—757.
Draps.	257 — 443 — 476 — 524—542— 708—748—888—891—908— 1043.

E

Effets d'équipement militaire.	289—593—926.

Noms.	Numéros du catalogue.

Enluminures. — Imitation de
vieux manuscrits. 699.

Étain. (Objets divers en
étain). 186—372—546.

F

Faïencerie. 177—550—916.

Fer. — Objets en fer, — Fer
de fonte et Fer d'affinage.
— Fers à cheval.— Fils de
fer.   1—2—3—4—5—6—7—8—10—
42—196—200—249—250—
263—267—268—324—363—
378—392—444—447—550—
556—562—735—760—792—
806—823—828—856—894—
911—948—1024—1054.

Fer-blanc. — Objets divers en
fer-blanc. 411—483.

Fils. — Fils de lin. — Tissus
de fil.— Fils à dentelle. —
Fils de soie. — Étoffes de
fil. — Fil de coton. 26—35—40—60—64—66—103
—117—168—171—243—250
—288—299—332—337—344
—399—412—441—513—559
— 567— 611—663—675— 686
—718—754—755—775 — 780
—789—794 — 796—805—832
—836— 964—972—974—1008
—1033—1034—1035—1041.

Fleurs artificielles. 110—145—282—292—321—838
912—946.

G

Noms.	Numéros du catalogue.
Ganterie.	613—637—647—829—924.
Glaces.	426—887.
Gravures.	153—896.
Grès (objets divers en).	177.

H

Habillement (objets d')	173 — 348 — 419 — 431 — 537 — 649 — 804.
Horlogerie.	207—393—403—407— 409 —417 473—761—999—1002.

L

Linge de table.	61—62—234— 320—374—382 — 479—555—614—663 — 696 — 759—777—805—953.
Laine. — Étoffes et tissus de laine. — Laine filée et non filée.	26—30—36 —76 — 80 — 86 —124 —128 — 139 — 142—219 — 240 —258 — 259 — 320 — 323—370 —391 — 394 — 436 — 441—547 —551—559— 561 —572—575 —656—704—713— 725 —733 —763 — 773—775—794—796 —802 — 832 — 835—836—846 — 859 — 876 — 881—888—908 —932—991—1069.

Noms.	Numéros du catalogue.
Laiton (objets en).	162—692—1010.
Liége.—Bouchons, objets divers en bois de liége.	369.
Lin.	210—385—776—964.
Lithographies.	119—185—212—283—349—361 656—781—853.

M

Machines.	12—24—65—75—122—137—138 —140 — 143—149—151—156 —157—158 — 159 — 160— 164 —174 — 179 — 186—194—195 —199—202—209— 218 — 225 —229—235—239 — 264— 265 —266 — 287— 305— 315—316 —325—326—356—364 — 371 —379— 386 — 388—390—410 —429—432 — 435 — 439—440 —445—468—470—494 — 498 —500 — 501— 502—505—507 —519—522— 526— 527— 539 —543 — 549 —553—557—563 —565—570 — 582—590— 614 —617—626—631 — 634 —650 —652 — 653— 658—661—662 —668—670—728— 731 — 755 —762 — 780 — 795—801—806 —831—852 — 873 — 880 — 888 —895—902 — 920— 922—929 —930—933 — 938—950—989 —990—991 — 994 — 1000 — 1014 — 1030 — 1044—1052 — 1053—1067.
Marbrerie.	278—294—491—530—552 — 659 —720—730 — 749 — 791—860 —940.

Noms.	Numéros du catalogue.
Mathématiques (instruments de).	29 — 402 — 679 — 907.
Menuiserie.	88 — 91 — 232 — 405 — 660 — 716 — 864 — 938.
Meubles.	87 — 93 — 94 — 134 — 144 — 150 — 155 — 295 — 322 — 360 — 377 — 381 — 457 — 458 — 478 — 490 — 518 — 525 — 543 — 548 — 594 — 623 — 651 — 694 — 734 — 737 — 743 — 744 — 747 — 750 — 799 — 815 — 816 — 826 — 833 — 837 — 839 — 847 — 858 — 872 — 955 — 956 — 971 — 995 — 995 — 1002 — 1020 — 1026 — 1042.
Minéraux. — Minerais.	162　735 — 1068.
Modes (objets de).	107 — 396 — 424 — 715 — 813.
Musique (instruments de).	28 — 33 — 82 — 133 — 227 — 319 — 362 — 381 — 620 — 657 — 688 — 705 — 714 — 751 — 783 — 831 — 834 — 843 — 861 — 862 — 865 — 867 — 889 — 904 — 985 — 992 — 1006 — 1019 — 1027.

N

Nattes.	711 — 914.

O

Optique (instruments d').	1038.
Orfévrerie.	446 — 462 — 472 — 817 — 857 — 885 — 925 — 970 — 1005 — 1016 — 1017 — 1032.
Ornements d'église.	90 — 95 — 114 — 155 — 279 — 406 —

	415—531—594—667—745—1003.
Outils divers, tels que : Aiguilles, faux, faucilles, limes, râpes, scies, tréfileries.	18—285—506—507.

P

Papeterie.— Objets divers en papier.	58—98—109—247—328—361—389—683—868—869—980.
Papiers peints.	291—532—616—648—724.
Parapluies.	304—438—830.
Parfumerie.	669.
Parqueterie.	1001.
Passementeries.	52—236—404—874—897—937 1048.
Peignes,—en corne de buffle, écaille et imitation d'écaille.	698.
Perruques, toupets, coiffures, etc.	252—306—430—736—825—886 960—973—979.
Pierres.—Tranches de pierres sciées; pierres à aiguiser.	969—1011—1062.
Pipes.	67—165.
Pivots de manœuvre, pour la cavalerie.	1012.
Plâtre (objets en).	481—870—883—1015.
Plomb. — Plombs de chasse, — objets divers en plomb.	308—331—543—546.
Poêles.	111—163—262—277—286—317 — 327—420—442—459—534 — 538—554—596—645—661 — 726—732—746—798—808 — 818—822—839—844—848.

Noms.	Numéros du catalogue.
Taillanderie.	359—705.
Tannerie.	9—104—105—113—127—193 — 216—253—254—255 — 298 — 341—384—400—416 — 422 — 486—521—571—586 — 618 — 650—767—768—769 — 770 — 786 — 842— 850—890—927— 954—967.
Tapis.	21—36 — 92 — 484—504—619— 725—1056.
Tapisserie.	56—799—884.
Teinturerie.	170—463.
Terre (objets en).	177—311—450—854.
Toile. — Étoffes de toile, — — toiles à voile.	63—75— 92 — 106—116—118— 129—188—189—192 — 221— 234— 299 — 300—310—318— 338—339—340—343 — 365— 452—453 — 454— 455—456— 464—465—466— 467 — 476— 555— 564—566 — 568 —573— 574 — 576 — 580— 583—612— —664 — 665 — 666— 685—722 — 738 — 754—757—758 —773 — 789 — 797—805— 879— 882 — 893—900 — 942— 953 —968 — 1004—1021—1045.
Toiles cirées.	619—890.
Toiles métalliques.	984—987.
Tôle (objets en).	314—324—1066.
Tonnellerie.	169 — 398 — 433 — 765—766 — 1023.
Tuiles.	125—181—448.
Typographie.	14—37—47—70 — 172 — 293 — 656—676— 682— 695 —812— 977.

V

Z

CINQUIÈME PARTIE.

—

RÉCAPITULATION

DU NOMBRE DES EXPOSANTS

PROVINCES ET PAR COMMUNES.

———◆———

Province d'Anvers.

Anvers.	35
Berchem.	1
Borgerhout.	5
Calmpthout.	1
Contich.	1
Herenthals	3
Lierre.	5
Malines	17
Turnhout.	4
Waelhem.	1
Total. . .	73

Brabant.

Aerschot.	1
Alsemberg	1
Anderlecht	3
Assche.	2
Auderghem	1
A reporter. . .	8

Report. . .	8
Boitsfort.	1
Braine-le-Château. . . .	1
Bruxelles.	333
Clabecq	1
Court-St-Étienne . . .	1
Cureghem.	1
Diest	2
Etterbeek.	3
Forest.	2
Hal.	1
Jette St-Pierre. . . .	1
Ixelles.	21
Jodoigne.	1
Koekelberg	1
Laeken.	6
Leefdael	1
Leeuw-St-Pierre. . .	2
Louvain	9
Marbaix	1
A reporter. .	397

Report.	397
Molenbeek-St-Jean.	55
Nivelles	8
Rebecq-Rognon.	1
Saventhem	1
Scharbeek.	4
St-Gilles.	2
St-Josse-ten-Noode.	13
Tirlemont.	4
Vilvorde	2
Total.	467

Flandre occidentale.

Ardoye.	1
Belligbem.	1
Bruges.	56
Cachtem.	1
Commines.	1
Courtrai.	33
Dixmude.	1
Gheluwe.	1
Heule.	2
Ingelmunster.	1
Iseghem.	3
Lendelede.	1
Loo.	1
Luingne.	2
Messines	4
Mooreele.	1
Mouscron.	1
Ostende.	1
Pitthem.	1
Poperinghe	1
Rolleghem.	1
Roulers.	7
Rumbeke.	2
Wevelghem.	1
Ypres.	6
Total.	131

Flandre orientale.

Aeltre.	1
Alost.	8
Audenaerde.	1
Caprycke.	1
Cruysauthem.	1
Deynze.	1
Eecloo.	9
Gand.	71
Gilles-Waes.	1
Gontrode.	1
Grammont	6
Haeltert.	1
Hamme	1
Herzele.	1
Hautem-St-Liévin.	1
Kercxken.	5
Lokeren.	6
Lovendeghem	1
Ninove.	1
Renaix.	1
Russeignies.	1
St-Nicolas.	5
Sinay.	1
Tamise.	2
Termonde.	3
Thielrode.	1
Waesmunster.	1
Wetteren.	1
Zele.	7
Total.	139

Hainaut.

Ath.	5
Baudour.	2
Binche.	2
Boussu.	1
Braine-le-Comte.	4
Casteau.	1
A reporter.	12

Report.	12			
Charleroy.	2	**Liége.**		
Châtelet	1	Beyne-Heusay.	1	
Chatelineau.	1	Bilstain.	1	
Couillet.	2	Chaufontaine.	1	
Cuesmes	1	Chênée.	1	
Enghien	1	Forêt.	1	
Fayt-lez-Seneffe.	1	Herstal.	2	
Fontaine-l'Évêque.	5	Herve.	1	
Ghislenghien.	1	Huy.	5	
Gosselies	1	Liége.	61	
Haine-St-Pierre.	1	Limbourg.	1	
Hellebecq.	1	Nessonvaux.	1	
Horrues	1	Sclessin-lez-Liége.	1	
Houdeng-Aymeries.	1	Seppenaeken.	1	
Houdeng-Goegnies.	1	Seraing	2	
Jemmapes.	2	Spa.	3	
Leuze.	2	Stavelot	1	
Lodelinsart.	2	Verviers	14	
Macon.	1	Visé.	1	
Marchienne-au-Pont	1			
Marcinelle.	1	Total.	99	
Marcq.	1			
Monceau-sur-Sambre.	2	**Limbourg.**		
Mons	9			
Montigny-sur-Sambre.	1	Hasselt.	4	
Morlanwelz.	1	Lommel.	1	
Neufville.	2	Marlinne.	1	
Rance.	3	Saint-Trond.	3	
Rombaux (carrières de).	1	Tongres	3	
Ronquières	1			
St-Vaast	2	Total.	12	
St-Pierre-Capelle.	1			
Soignies	4	**Luxembourg.**		
Strepy-Bracquegnies.	1			
Templeuve.	1	Aubange.	1	
Thumaide.	1	Bettelange	1	
Tournay	14	Bertrix	2	
Trazegnies	1	Bouillon	1	
Viesville	2	Eihe	1	
Wasme.	1	Herbeumont.	2	
		Lasoye (forges de).	1	
Total.	89	À reporter.	9	

Report. . .	9		Report. . .	5
Laviot	1	Bruly. . . .		1
Martelange . . .	1	Chaumont . . .		1
Neufchâteau. . .	1	Ciney. . . .		2
Sibret. . . .	1	Dinant. . . .		8
Sugny. . . .	1	Erneton . . .		1
		Erpent . . .		1
Total. . .	14	Gimnée . . .		1
		Marche-les-Dames.		1
Namur.		Moulins . . .		1
		Mozet. . . .		1
		Namur . . .		20
Andenne. . . .	5	Saint-Marc . .		1
Anthée	1	Somzée . . .		1
Bouvigne-lez-Dinant.	1	Thy-le-Château		1
À reporter . .	5	Total. . .		46

RÉCAPITULATION.

Province d'Anvers	75
— de Brabant	467
— de la Flandre occidentale . .	131
— de la Flandre orientale. . .	139
— du Hainaut	89
— de Liége	99
— de Limbourg	12
— de Luxembourg.	14
— de Namur.	46
Total . .	1070

TABLE DES MATIÈRES.

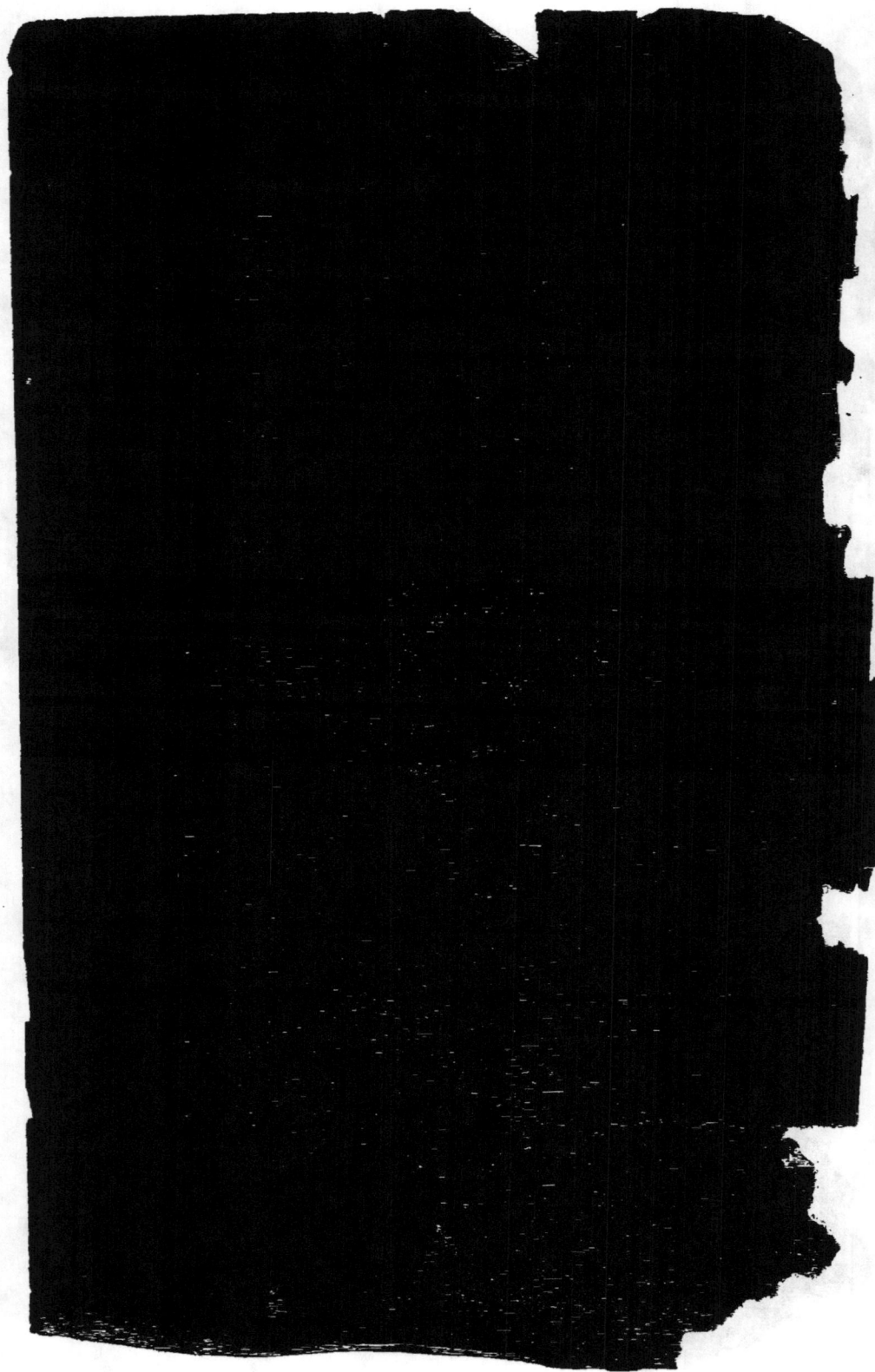

www.ingramcontent.com/pod-product-compliance
Lightning Source LLC
Chambersburg PA
CBHW070800270326
41927CB00010B/2218